スッキリ
心地よく暮らす

プロ5人の おうち収納テク

大木聖美（整理収納アドバイザー）村上直子（整理収納アドバイザー）
新倉暁子（ライフオーガナイザー）伊藤美佳代（整理収納アドバイザー）
小宮真理（整理収納アドバイザー）

OVERLAP

はじめに

これから家の収納を整えたい人、
なかなか収納がうまくいかない人、
家の中がごちゃごちゃしていて、
どこから手をつけていいか迷っている人……、
そんな収納初心者さんや収納が苦手な方に
お役に立てるような本を作りたいと思いました。

参考になるのは、スッキリ心地よく暮らしているお宅です。
そこで、収納のプロとして活躍している方々に、
自宅で実践している収納法を見せていただきました。
プロならではのワザは、多くの人の役に立つはずだと、
考えたからです。

「どうしていつもスッキリしているのだろう？」
取材をすすめるうちに、その答えは、
自分がラクできるように工夫をしたり、
家族が使いやすいように改良をしたりと、
それぞれが試行錯誤の末に実践している、
「とっておきのワザ」の中にあるとわかりました。

まずは、できそうなことを一つでも二つでも、
取り入れてみてください。
少しずつ収納が整ってきて、使いやすさが実感できると
だんだん楽しくなってくるはずです。
どんな収納にするかは、あなた自身が決めていいのです。
なぜなら、理想の家を作るのはあなた自身だから……。
本書がそのお手伝いをできたら、うれしく思います。

CONTENTS

PART 1

「ものダイエット」で ものを増やさずに スッキリをキープする

整理収納アドバイザー

大木聖美さん

Satomi Ohki

IT企業でSE、絵画講師を経て、出産を機に専業主婦に。自己流の片づけを実践していたが、整理収納アドバイザーの資格取得をきっかけに、「ものを減らしてから収納」の大切さに気づき、講座やブログなどで発信中。夫、中学生の長男、小学生の二男の4人家族。ブログ「我が道ライフ」も好評。
http://wagamichilife.jp

●資格

整理収納アドバイザー1級
整理収納アドバイザー2級認定講師
ハウスキーピングコーディネーター
アロマテラピー検定1級

●仕事

整理収納アドバイザー2級認定講座
個人宅の整理収納お片づけサービス
工務店主宰の収納・お片づけ講座講師
自宅セミナー（不定期）
webサイト「Sumai」ライター
webサイト「Column Latte」ライター
webサイト「LIMIA」ライター

「あるもの全て収納」→「整理して収納」へ。ものを減らしたら暮らしがラクに――大木聖美さん

「自己流で片づけていたときは、たくさんのものを納めることに一生懸命でした」と大木聖美さん。一戸建てに引っ越したときは、子どもが生まれたこともあり、ものは増える一方。あるとき「整理しないと、ものに埋もれてしまう」と気がつきました。その後、整理収納アドバイザーの講座を受講し、「整理してから収納」の大切さを学びました。

「家中のものを『いる』、『いらない』で分けてみました。結構いらないものが出てきたし、同じようなものをたくさん持っていました」。すぐに処分できないものは、「とりあえず箱」に入れてキープ。ところが、ものが減った場所は使いやすくなった上に、処分に迷ったものがなくても不自由しなかったのです。迷ったものは元に戻さず、処分したそうです。

それからは、「整理してから収納」を実践。ものを増やさないオリジナルな工夫「ものダイエット」（P10参照）も半年に1回と定期的に行っています。「小さいスペースでも収納を整えると、暮らしがラクになります。それが実感できるとやる気になりますよ」。

「余計な買い物をしないのがものを増やさないコツ。でも、大好きなイッタラの食器とキャンドルホルダーは別格扱いに」と大木さん。好きなアイテムを厳選して買うことで、その他の買い物が控えめでもストレスはないそうです。

おうちDATA

3LDK／一戸建て／築10年

1F

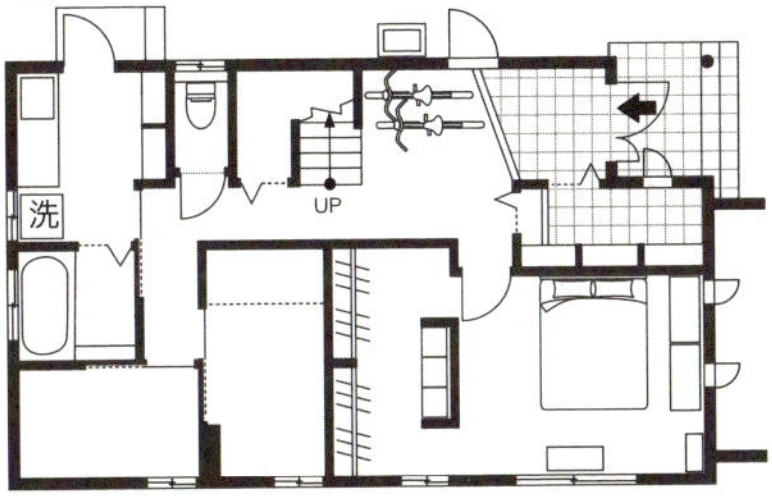

2F

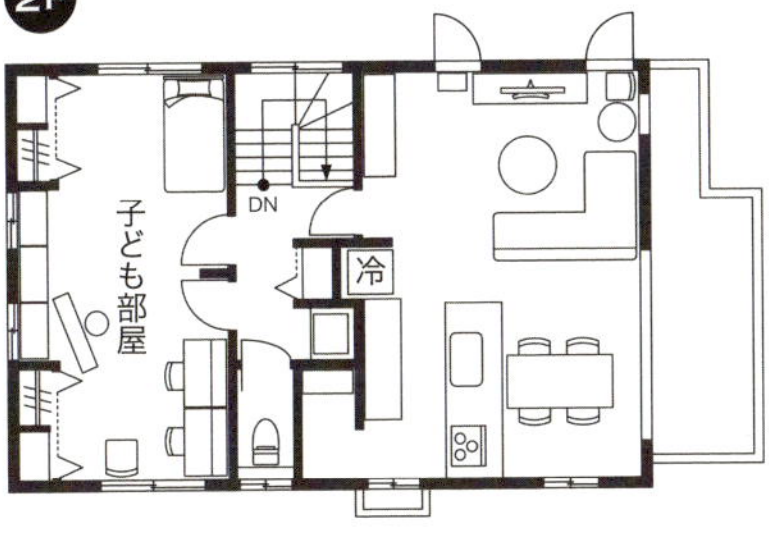

大木さんのプロへのHISTORY

大学を卒業後、IT企業に10年間勤める。結婚後は退社し、絵画講師を経て専業主婦になる。

▼

結婚当時住んでいたのは狭いアパート。子どもが生まれて増えていくものを、効率良く収納する方法を考えていた。

▼

2006年　2年探して土地を購入し、住宅を建てる。ものはどんどん増えていく状況に。

▼

2011年　ブログ「我が道ライフ」をスタート。「持ちものは常に動いている。整理しなければ埋もれてしまう」と気がつき、「片づく仕組み」を模索し、ブログに書き始める。

▼

2012年　ブログの毎日更新をスタート。

▼

2013年　整理収納アドバイザーの2級講座を受け、収納する前に整理することの大切さを知る。

▼

2014年　整理収納アドバイザー1級取得。
以後は、講座、セミナー、webサイトで活躍している。

プロのテク 1

家中から不要なものをピックアップする「ものダイエット」

大木家のスッキリしたリビング。今でも半年に1回ぐらい「ものダイエット」を実践しています。

大木さんが実践していて、生徒さんにもおすすめしているのが「ものダイエット」です。講座で「まずはものを全て出し、要・不要を決めて整理してから収納します」と生徒さんに話したら、「ものを全て出すのはハードルが高い」と言われたそう。そこで、もっと気楽に整理する方法として1日10分でできる「ものダイエット」を提案。収納＝ダイエットに置き換えると、納得する人が多いとか。

「ものダイエット」とは、家の中を6つのパートに分け、1日1カ所から、不要なものを数個ピックアップして処分します。6日間やったら1日お休みして、同じことを3～5週間繰り返します。「処分に迷うものは、残しておきます。でも、繰り返し見ていると処分する決心がつくんです」。

ものダイエットの手順

1 家の中を6つのパートに分ける

リビング、キッチン、洗面所＆トイレ＆浴室、クローゼット、寝室、玄関など、家の中を６つに分けます。月曜日はキッチンなど、パート別に曜日を決めておきます。

2 1日1カ所、不要なものを3〜5個見つける

毎日、６つに分けたパートの１カ所から不要なものを３〜５個ピックアップ。所要時間は約10分。短時間で済ますのが続けるコツ。処分するか迷うものは、とりあえずその場に残します。

3 週1日はお休みして、3〜5サイクル続ける

週１日お休みをしてクールダウン。その後、２回目、３回目と続けると、徐々にピックアップが難しくなるもの。そうなると「本当に必要？」と、ものと真剣に向き合うことになります。

Column

処分するか迷ったらチェック!

ものの要・不要の見極めポイント

6つのポイントをチェックしてひとつでも当てはまったら、処分を検討しましょう。

- □ 壊れている・破れている・欠けている
- □ 古い・賞味期限が切れている
- □ サイズが合っていない
- □ 使い心地が悪い・着心地が悪い
- □ 好みが合わない・好みが変わった
- □ この１年で一度も使っていない

プロのテク 2

小さいところから始める「整理→収納」の基本ルール

整理→収納する手順

1 中のものを全て外に出す

いろいろなものがごちゃごちゃ入った引き出し

BEFORE

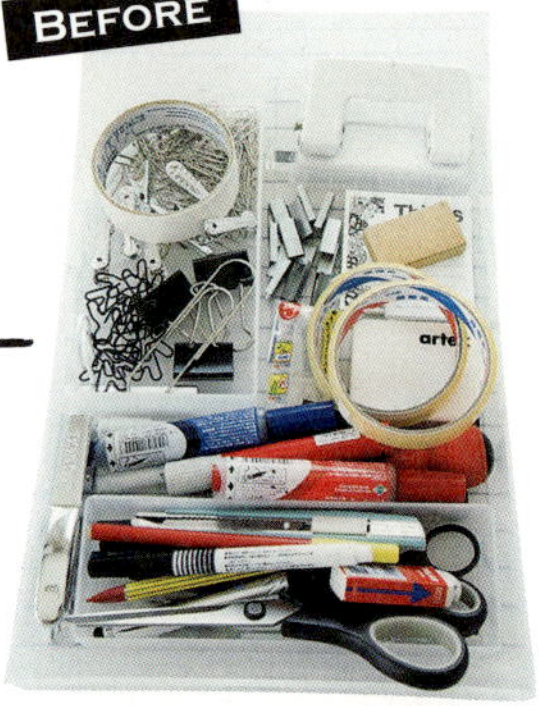

何が入っているのかわからないし、取り出しにくい。必要なものを探す時間もかかります。

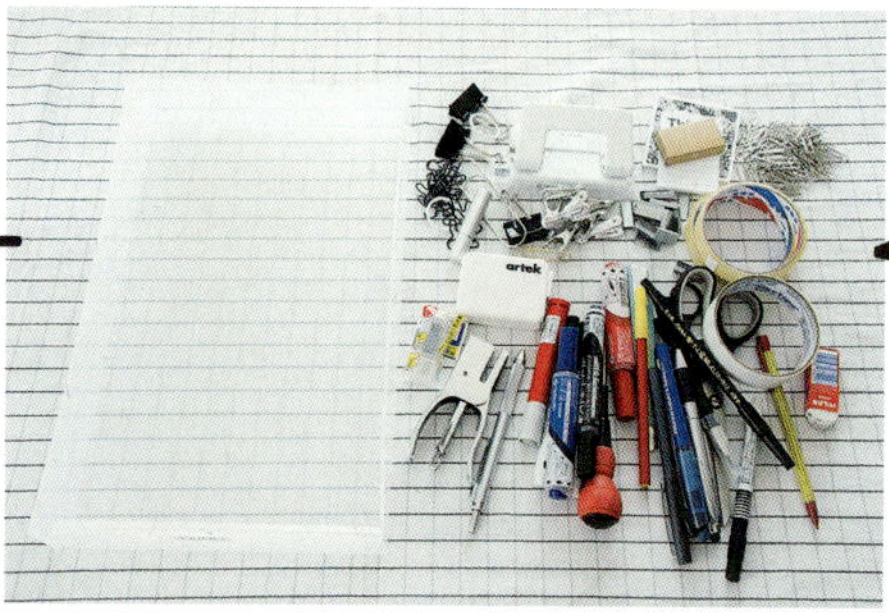

まずは、中に入っているものを全て外に出して、現状を把握します。どんなものが入っているのかを、自分で知ることが第一歩。

「私自身も最初は、大量のものを収納しようと四苦八苦していました」と大木さん。「整理してから収納」が難しい生徒さんの気持ちもわかるとか。だから、まずは「ものダイエット」でものを減らしたら、「整理→収納」のトライをすすめています。

「収納を整えるのには一度、その場所から全てものを出して、整理することが大切。『ものダイエット』で家中を見ていると、最初は抵抗感があった『ものを出す』作業もできるようになります。家のものと向き合って要・不要を選択してください」。

ポイントは、文房具の引き出しなど、小さいところから始めること。手軽な上に、終わったあとは達成感があり、また、別の場所もやってみようと思うからだそうです。

2 いる・いらないに分ける

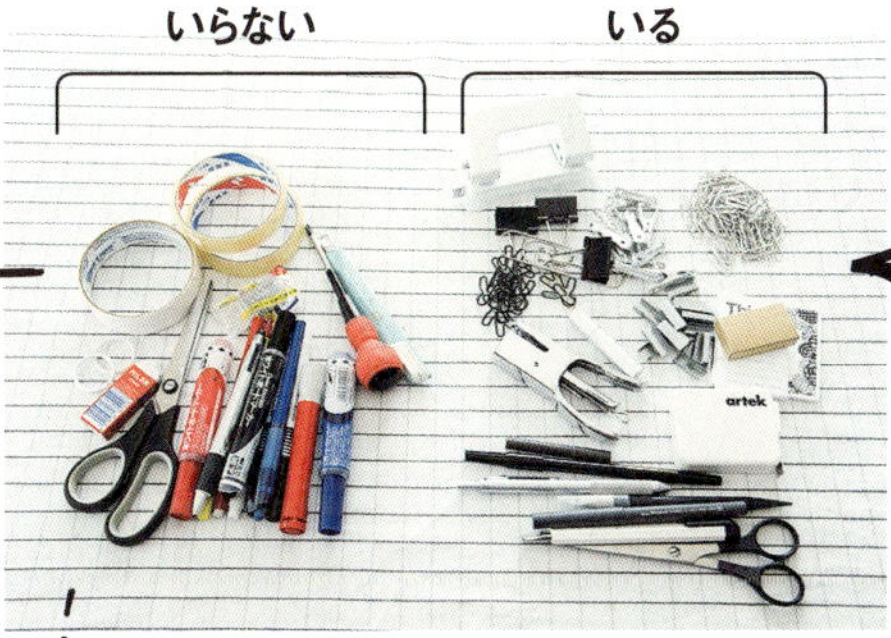

まずは、いるか、いらないかに分けます。迷うときは、P.11の見極めポイントを参考に。いるものは、引き出しに残すものと考えます。

いらないものはさらに分類する

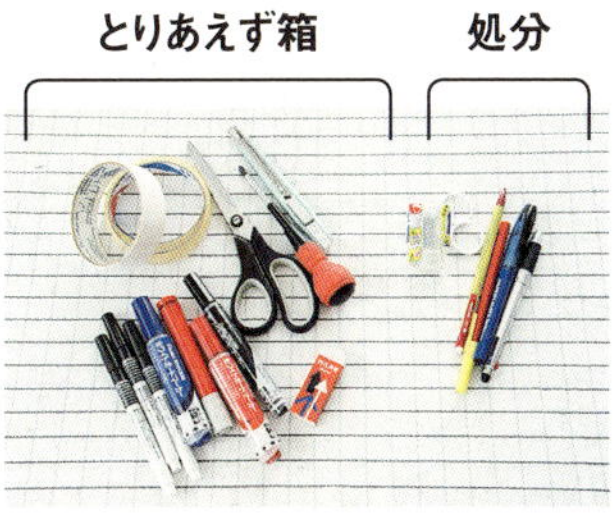

すぐに処分するもの、処分に迷うものに分けます。迷うものは「とりあえず箱」に。1カ月ほど保管し、他の場所で使えると判断したものは移動し、それ以外は処分を検討。

3 いるものをグループ分けして戻す

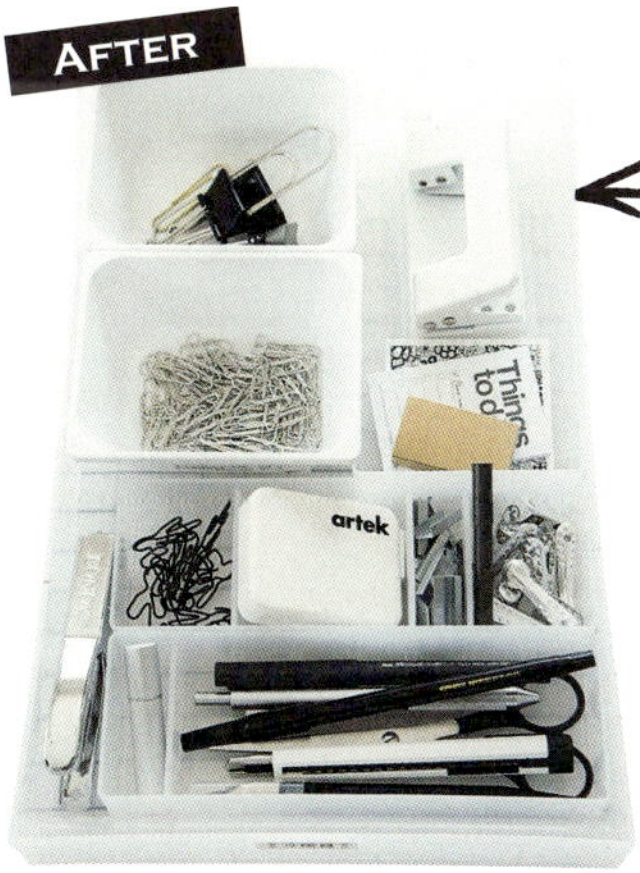

いるものはグループ分けして、引き出しの中に戻します。そのとき、ボックスなどで仕切って、同じグループ以外の侵入を防ぎます。

Column

ものを処分する前に考えてみよう

処分する前、リサイクルに出す、オークションやフリマで売るなどと、「ものを回す」方法はないか考えます。そうすると、違うものに生まれ変わる、必要な人に使ってもらうなど前向きにとらえられます。

プロのテク 3

収納グッズにこだわると片づけることが楽しくなる

1.玄関の下駄箱は入れるもののサイズ、見かけの楽しさなどを考えて、箱、引き出し、カゴなどを使用。「ブラック＆ホワイトの中にグレーの箱をアクセントに」。
2.納戸の中も見やすく。真ん中の黒い棚は、IKEAのものを自分で取りつけました。黒い箱もIKEA。カラーボックス用の白い箱を合わせて、見た目もスッキリ。

「収納グッズにはこだわっています。置く場所や入れるもののサイズに合っているか、見かけや雰囲気が好みのものかなど、考えて選んでいます。ピッタリなものが見つかるまでは、あるもので代用。妥協して別のものは買いません」。無印良品とIKEAのものが多いですが、ネットや100円ショップのものもチェックして、組み合わせているそうです。

例えば、ホテルのようなスッキリした空間を目指した洗面所は、無印良品のカゴが印象的です。全部カゴでは重い雰囲気になるので、ネットで購入した白いボックスをプラス。「使い勝手はもちろん、見かけにもこだわって収納グッズを選びます。そうするとそのスペースが好きになって、片づけが楽しくなるんです」。

洗面所の棚は、カゴと白でまとめて清潔感を大切に。グリーンは全てフェイクですが、ナチュラルな印象を演出できます。

KITCHEN キッチン

ラクに料理、掃除ができるように、ものはなるべく中にしまう

「家事はできるだけラクしようと思っています。特に、キッチンは使いやすさ、掃除しやすさを考えて、ものはなるべく中にしまいます。ものがないと調理台が広く使えて作業がラクだし、汚れたらものをどかさずにサッと拭くことができます」。

収納は引き出し式なので、グッズを使って仕切って、上から見やすくしています。「収納グッズは無印良品のメイクボックス、ファイルボックス、ワイヤーバスケットをよく使っています。サイズと使い勝手で選んだのですが、キッチンだけでなく家中で使い回せて重宝しています」。

コンロの下の引き出し

毎日使う調理道具と調味料は1段目

一番取り出しやすい引き出しには、よく使う道具と調味料を入れます。無印良品のメイクボックスで仕切って、グループ分け。調味料は瓶をそろえて、ラベルを貼ります。

鍋とフライパンは厳選する

コンロで使う鍋やフライパンは2段目の引き出しに。鍋は大小各1個、フライパンは大小各1個、保温調理用の調理器具だけです。「厳選すると収納がラクですよ」。

保存容器と空き瓶は数を増やさない

保存容器や空き瓶は、この引き出しに入るだけに。ルールを作ると、処分するとき迷いません。

Column

こだわりの調理道具はキープする

一番上の引き出しに入っていたかつお節削り器。「ものは増やしたくないですが、必要なものは手放しません。私にとっては、「これは必需品」と大木さん。不要なものは減らすけれど、こだわっているものはしっかりキープするのが大木流です。

シンク下の引き出し

1段目（浅い）

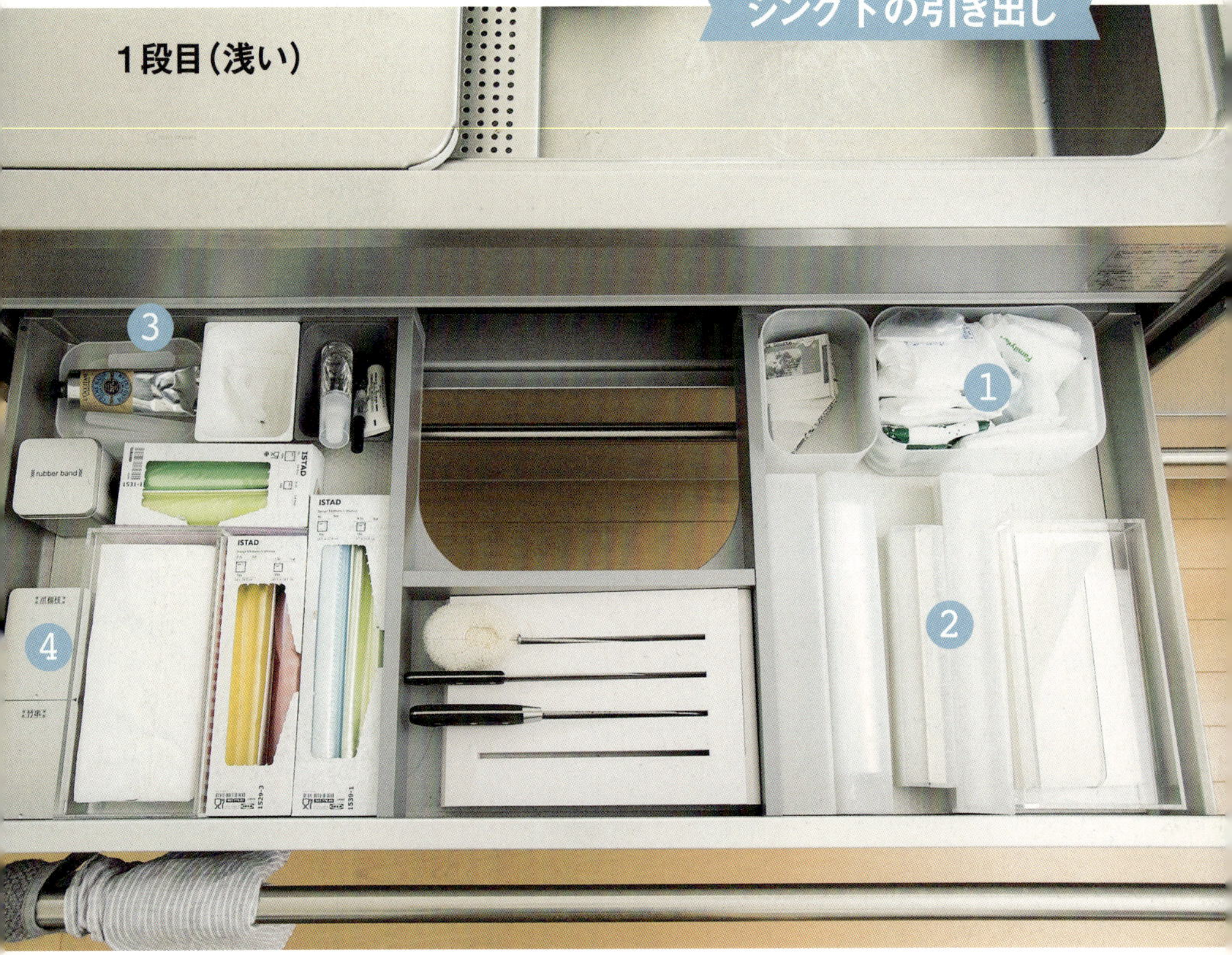

③ 水洗い後は すぐにハンドケアを

食器洗いなど水を使ったあとに、すぐにハンドケアができるように、シンクの引き出しにハンドクリームを常備しています。

④ 中がわからないものは ラベルを貼る

ふたつきの缶に収納して中がわからないものには、ラベルを貼ります。ラベル用機械は、ピータッチを使用しています（P.27参照）。

① レジ袋は無印良品の メイクボックスに

引き出しの奥まで有効活用するために、メイクボックスを使用。高さ、幅、奥行きなど種類が豊富なので、収納グッズとしておすすめ。

② ラップやキッチンペーパーは 無印良品のケースに

にぎやかな箱から入れ替えてスッキリ。ラップやアルミホイルは無印良品の専用のケースに、キッチンペーパーはティッシュケースに。

7 掃除道具ストックは無印良品のボックスに

深い引き出しは、無印良品のファイルボックスが大活躍。掃除道具を収納します。書類を入れるだけでなく、キッチンでも重宝。

8 ゴミ袋や手袋は引き出せるケースを使う

取り出し口からゴミ袋を引き出せる、便利なケースをネットで見つけました。立てて収納できるのも使いやすいポイントです。

5 ナチュラル掃除用の洗剤はラベルを貼る

ナチュラルな洗剤は全て白い粉なので、迷わないようにラベルは必須。無印良品の入浴剤用詰め替え容器は粉ものにおすすめ。

6 シンクで使う調理道具は取り出しやすく収納

シンク周りで使う、ボウルやざる、バット、スライサーなどはシンク下の引き出しが定位置。手前に置いてさっと取り出しやすく。

キャビネット

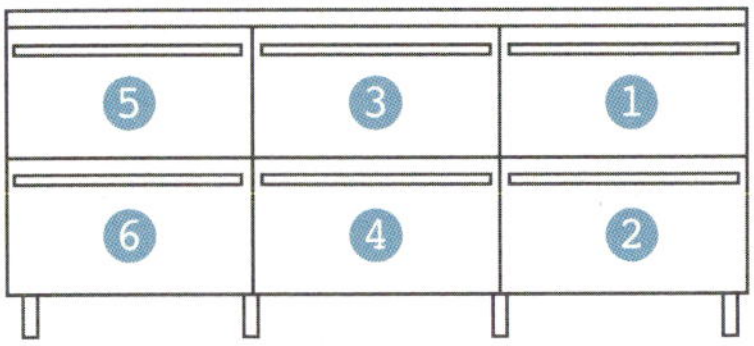

深さのある引き出しは食器が取り出しやすい収納に

食器を入れているキャビネットは深さのある引き出しタイプ。収納グッズを使って立てる収納や２段収納にしています。

② 使わなくなった食器は一時置き場にキープ

処分を迷うものは、ここに入れてしばらく置いておきます。決心がついたら処分を。食器は処分できてから、次の購入を検討。

Column

冷蔵庫の収納はラベルをひと工夫して

食材をグループに分けてボックスに入れますが、ラベルにひと工夫。開封済みの早く食べきりたいものは、自分も家族もわかるように「早く食べてよ!」とラベルを貼っています。

① 日常使いの器とカトラリーは家族が取り出しやすい位置に

ダイニングテーブルに一番近い引き出しには、日常使いのご飯茶碗、味噌汁椀、皿を入れて、家族にも配膳を手伝ってもらいます。ここだけは２段になっていて、上段の浅い引き出しには、カトラリーを入れています。家族が使う分だけ入れているので、見やすい。

⑤ よく使う皿は仕切りや ボックスで立てて収納

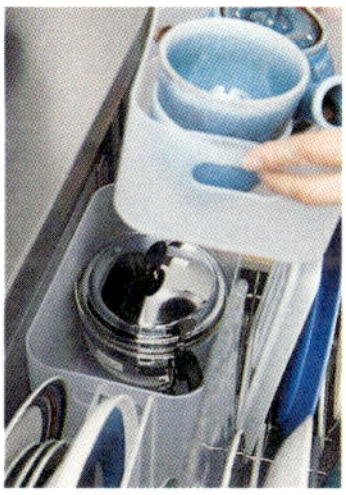

100円ショップのボックスや無印良品のアクリル仕切りスタンドを使って立てて収納。これなら、食器が隠れずに、全部が見えます。

無印良品のスタッキングできるメイクボックスを重ねて入れて、深さも有効に活用します。

③ 朝の時短のために 朝食セットをスタンバイ

右はコーヒー用、左はヨーグルト用と分けて、朝食セットは同じ引き出しに。家族が、朝食の用意をしてくれます。

無印良品のワイヤーバスケットを重ねて、２段収納に。下にはあまり使わないものをしまいます。

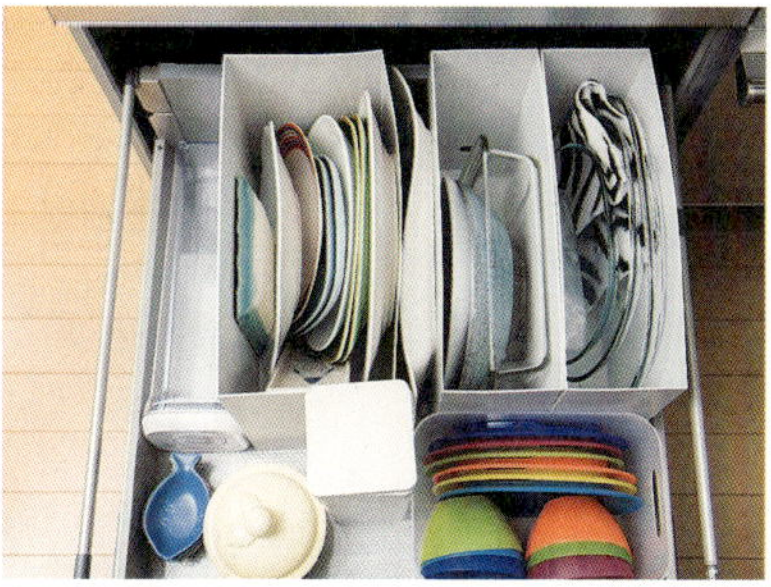

⑥ 出番の少ない大皿や 子ども用皿も取り出ししやすく

無印良品のファイルボックスを使って、大きな皿は立てて収納できます。手前のIKEAのカラフルな皿は子ども用。友達が来たときなどに、自分で出すようになりました。

④ お客様用は日常使いとは 別の引き出しに

かがまないと取れない下段はお客様用に。右側は無印良品のワイヤーバスケット２段使い、左は高さのあるメイクボックスを利用。

メイクボックスの中に仕切り板を入れて、さらに仕切り、ソーサーを立てて収納。

パントリー

ユニットシェルフ＋ストッカーでスペースを有効活用

キッチン裏のパントリーは、収納グッズを駆使して収納力アップ。使い方に迷うユニットシェルフの仕切り方は、参考になります。

① 取りにくい高い位置にはイベントグッズを

お誕生日、クリスマスなどイベントのときのパーティーで使うものはふたつきのボックスに。ときどきしか使わないので、上段に配置。

② お菓子作り用グッズはまとめて置く

左の白いカゴにはケーキ作り用の道具が入っています。かさばって置き場所に困るオーブンの天板も、立てて収納してスッキリ。

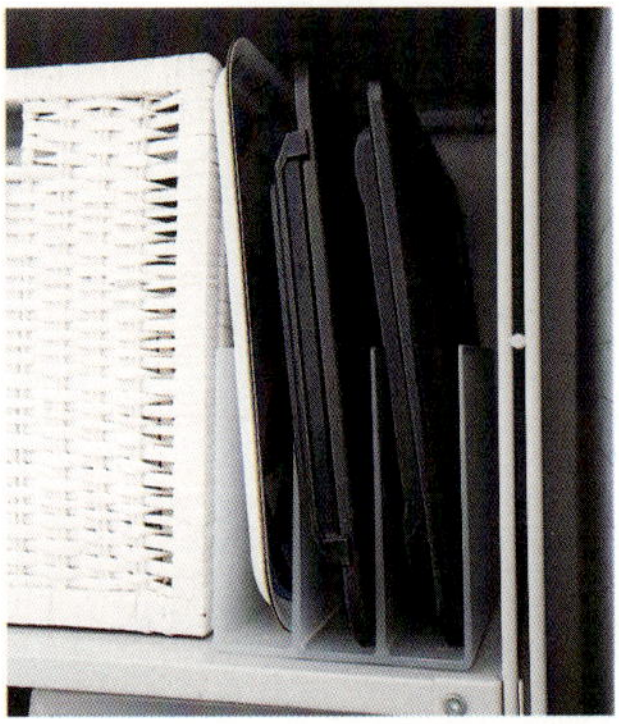

無印良品の仕切りスタンドを利用すれば、天板を立てても倒れにくいので便利。

③ 毎日使うパントリーは紙ものの保管にも便利な場所

食品だけでなく、子どもの学校関係、お金関係などの書類を保管。常に目につく場所なので、気がついたときに整理できて便利だそう。

保管が必要な書類は、分類してインデックスをつけ、無印良品のファイルボックスに。

④ 学校関係の、今必要な情報はボードに貼る

ファイルにしまい込むと忘れてしまうので、見えるところに貼るのが一番。毎日目に入るので、大切なことを忘れません。

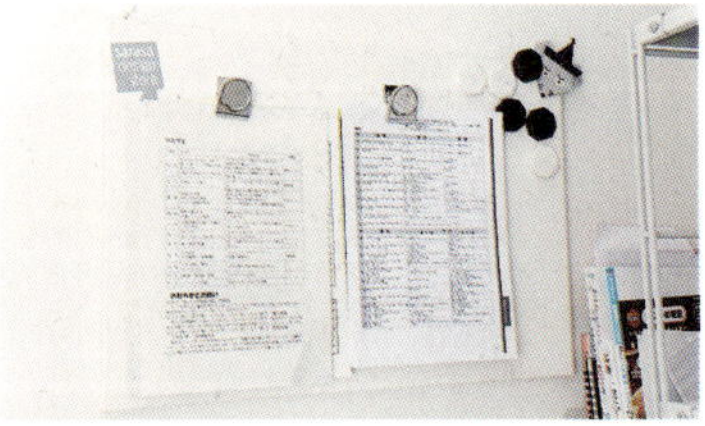

兄弟ごとに分けて貼ります。紙がたまらないように、不要になったらすぐ処分。

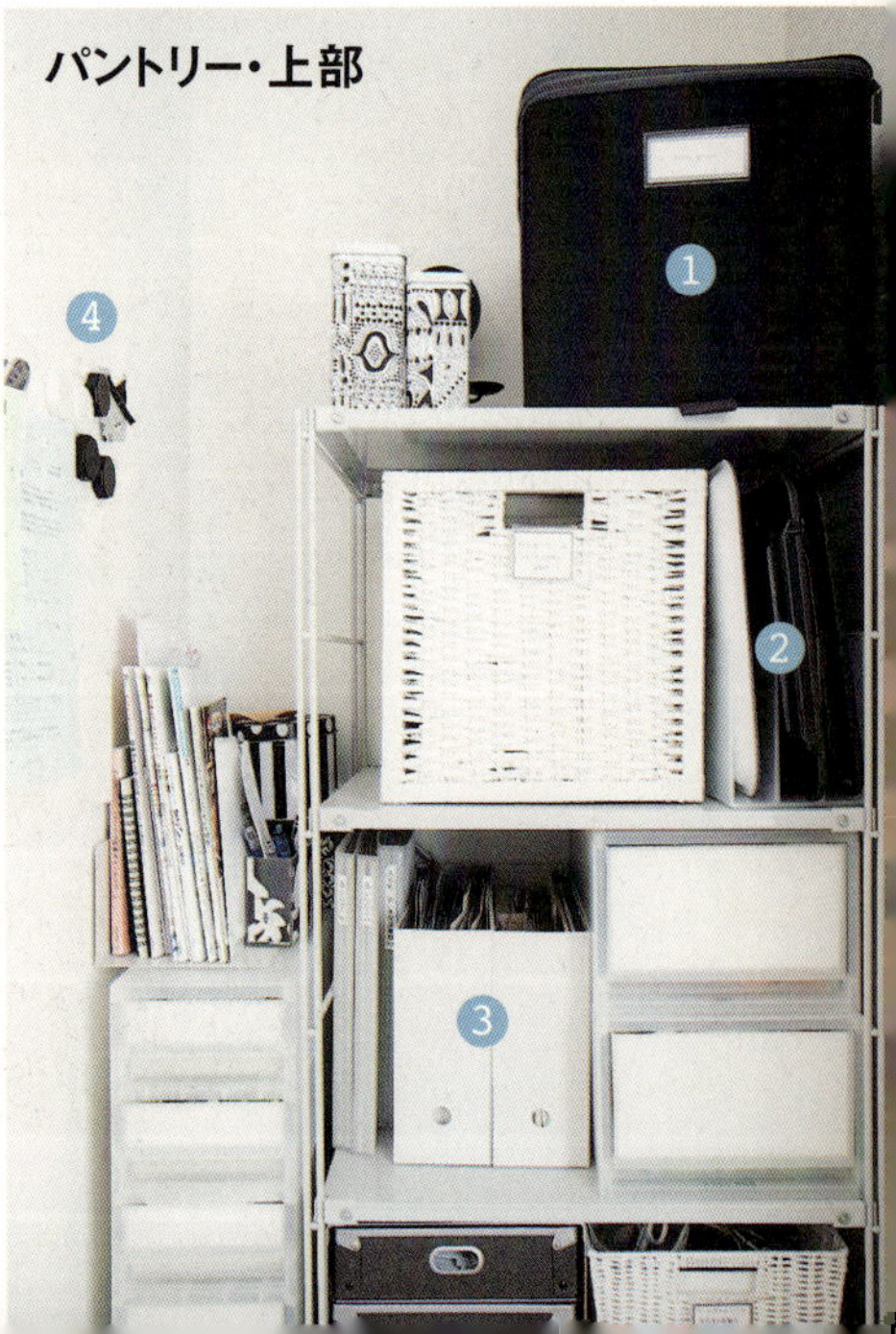

⑧ お弁当グッズは、子どものためにも決めた場所に

お弁当箱、水筒、ふりかけなどお弁当グッズはまとめます。子どもたちが水筒にお茶を入れるなど、できることはやるようになったそう。

子どもたちが自分で取れるように、ひと目でわかる収納にしています。

⑤⑥ 食品のストックは取り出しやすく収納

「近所にスーパーがあるので、食品のストックはできるだけ少なくしています。引き出しに対して7～8割を目安に、立てて収納を」。半透明のケースは透けるのが気になるのと、ホコリ防止のために布をかけます。

家族みんなが大好きなご飯にかけるふりかけなどはストックが少し多めです。「必要なものは多くても良いかなと。場所を決めているので、子どもたちも自分で取りにきます」。

⑦ 書類や郵便などの紙ものの一時保管場所に

書類や郵便などで、すぐに要・不要を判断しかねる紙ものは一時的に保管。1カ月くらい保管して、再び要・不要を判断して分類します。上段はお金関係、下段はその他とざっくりと分けています。

家族が使うものは置き場所を決めると散らからない

家族がリビングで使うものを、みんながわかるように収納します。家族のためですが、実はお母さんのためでもあります。「収納場所がわかっていると、子どもたちも『出したらしまう』を実践してくれるようになりました。ゲームで遊んでいても、最後は私が言わなくても片づけるので、散らかりません」と大木さん。

ポイントは、片づけてほしい家族の目線に合わせた収納をすること。「小学生の二男でもわかるように、見やすく収納します。ラベルを貼ったり、収納の仕方を子どもに相談してもいいですね」。

子どもの勉強道具は専用ワゴンを用意

子ども部屋はありますが、まだリビングで勉強したいとのことで、勉強道具を入れるワゴンをIKEAで購入。子どもたちに意見を聞いて決めました。中段は兄、下段は弟と決めて、それぞれが管理します。

テレビ台の引き出しはゲーム置き場に決める

ゲーム置き場と決めて、IKEAのボックスにグループ分けして収納します。引き出しからはみ出さないことをルールに、ソフトなどは古いものを処分してから新しいものを購入。

キャビネット

リビングで使う細々したものは集めて収納

リビングの一角にあるキャビネットには、散らかりがちなものが集合。子どもたちのレゴ作品ははみ出ない数を飾っています。

キャビネット・上段

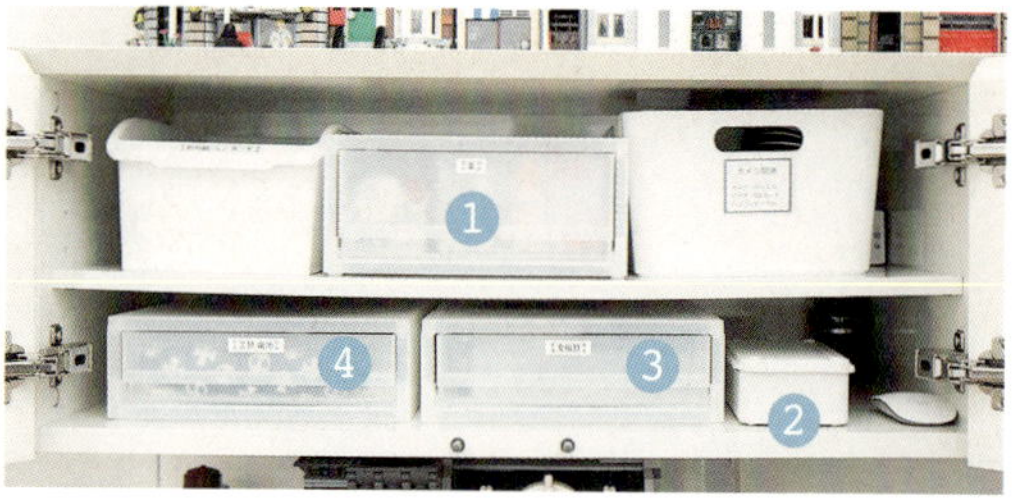

③ 文房具は本当に必要なものだけを入れる

余計なものが増えやすい文房具の引き出しは、定期的に整理収納するのがおすすめ(P.12参照)。必要なものだけならいつもスッキリ。

① 薬は仕切りつきメイクボックスを活用

薬は小さいものが多いので、無印良品のメイクボックスに、細かく仕切りがついたものが便利。絆創膏は入れ替えて取り出しやすく。

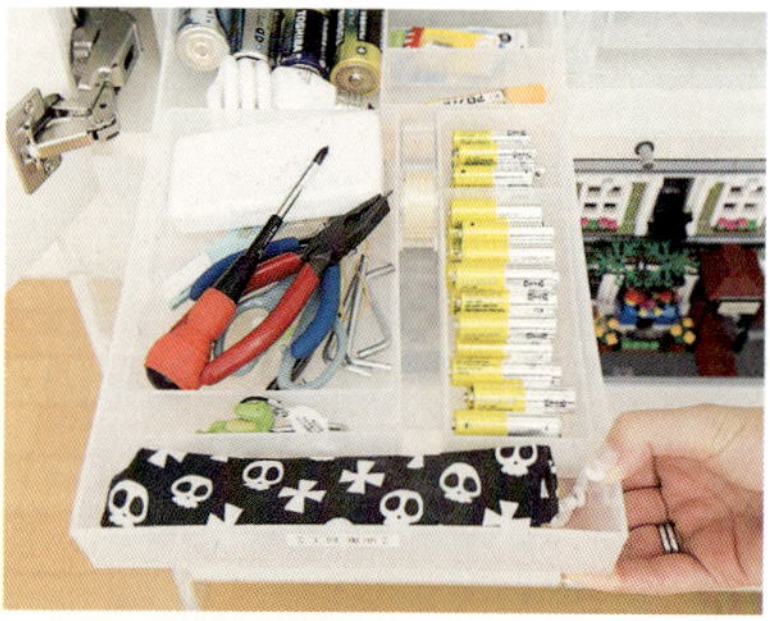

④ 工具や電池は場所を決めると迷わない

ドライバー、ペンチなど、リビングでも出番があるので、置いてあると便利。子どもが習い事に持って行くこともあって、場所がわかっていると自分で準備をするそう。

② よく使う裁縫セットはピッタリの缶を探して

取れたボタンをつけるなど、緊急に必要になるものだけをリビングに置きます。ピッタリの容器をずっと探していたら、無印良品で缶を発見し、即購入しました。

キャビネット・下段

7 ラベル用機械はすぐ使える場所にスタンバイ

ラベル用機械ピータッチはしまい込まずに、すぐ出せる場所に収納。気がついたときラベルが貼れるし、はがれたときの補修も簡単。

5 増えがちなマスキングテープはここに入るだけ

マスキングテープは、これ以上は増やしません。仕切りつきのボックスは、別の収納ボックスの引き出しで、使っていないものを活用。

Column

リビングにお母さん用のスペースを作ろう

「お母さんの専用スペースを作ると、散らかりが減り、気持ちにも余裕が生まれます」。大木さんはキャビネットの一段を仕事の資料を置くスペースにしています。

6 机の上には置きっぱなしがなくなる「とりあえずカゴ」

リビングやダイニングのテーブルでよく使うものを、さっと入れるカゴを用意。取っ手がついたワイヤーバスケットなら移動がラク。

清潔感をキープするために余裕のある収納にする

清潔感をキープし、風通しをよくしたいのが洗面所です。そのために、ものを増やさずに余裕のある収納を心がけたい場所です。

「バスタオルはやめました。収納に場所をとるし、洗濯も大変なので。うちは、入浴後にフェイスタオルを子どもたちが1枚ずつ、大人が2枚ずつの合計6枚使います。予備にあと6枚用意し、これ以上は増やしません。年末に古い6枚を処分し、新しいタオルと入れ替えます」。こんなふうに、家族が使う数を算出して、ストックを最小限に抑えるのも手。余裕のある収納をキープしています。

① 無印良品＋IKEAの合わせ技でタオル収納に

無印良品のカゴにタオルを直に入れると、繊維が引っかかりそうなので、IKEAのプラスチックのボックスをイン。サイズがピッタリでした。

② 洗濯ネットは100円ショップのボックスに

洗濯ネットは大中小の3種類。あえてネット1枚ずつ別のボックスに入れています。「分けたほうが、さっと取り出せてラクなんです」。

③ 深さのあるカゴに洗剤ストックを

無印良品の同じシリーズの深めのカゴを洗剤のストック入れに。にぎやかなラベルが気になるので、タオルで目隠しをしています。

④ ファイルボックスをハンガー入れに

洗濯用のハンガーは無印良品のファイルボックスに立てて収納。斜めにカットされたタイプのボックスのほうが、ハンガーを取り出しやすい。

6 洗面台の細々したものは引き出しを仕切って収納

雑然とする細かいものは外に出さずに、引き出しに入れます。グループ分けして、無印良品のメイクボックスに納めるとスッキリ。

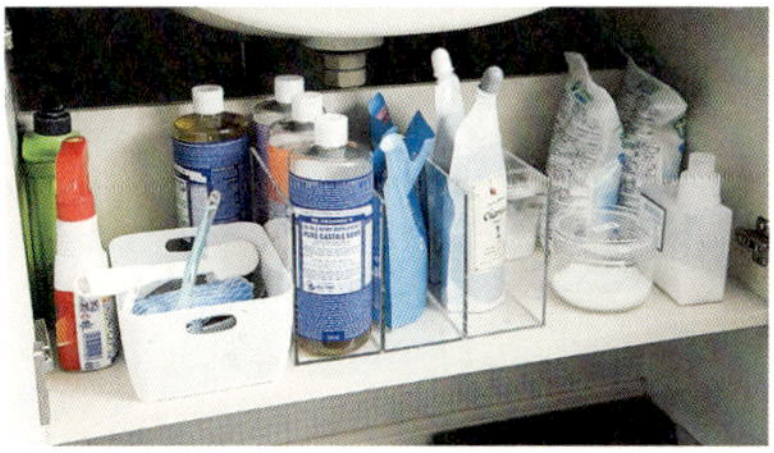

5 洗面台下は仕切ってストックを収納

洗面台下に、無印良品のアクリル仕切りスタンドを使って、石けんやシャンプーのストックを縦に並べて分類。何がないのかひと目でわかるので、買い足すときも便利です。

Column

やっと見つけた! カールドライヤーにピッタリな収納グッズ

長さがあるカールドライヤーが納まるボックスをずっと探していたそう。「無印良品のソフトボックスがピッタリ。あきらめずに探して良かった」。

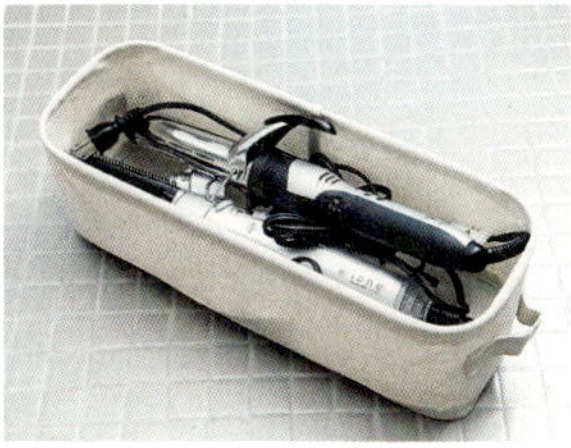

CLOSET クローゼット

洋服は季節ごとに見直し処分してから新しいものを買う

クローゼットの洋服があふれていると、おしゃれをする気力も奪われます。だから、大木さんは、どの場所よりも「処分してから買う」を心がけています。

「季節の始まりと終わりに2回、必ずチェックし、くたびれている洋服、流行が終わった洋服は処分。そして、季節の始まりなら流行もの、季節の終わりならバーゲンで翌シーズンも着られそうなものを、処分した枚数以内で購入を検討します」。

クローゼット内は、無印良品のユニットシェルフと引き出しを組み合わせて収納力をアップ。ユニットシェルフは、以前の家のキッチンで使っていたもの。収納グッズは場所を変えて使うと、無駄がないです。

Column

ハンガーにこだわれば収納ストレスが減る！

洋服をきれいに吊るしても、落下&型崩れするとストレスになります。「洋服が落ちにくい、型崩れしにくいハンガーに変えるだけで、収納ストレスが減りました」。

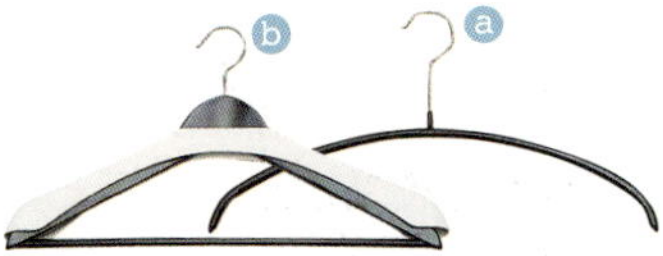

a.マワハンガーと呼ばれているドイツ製のもの。落ちないし、ニットをかけても型崩れしない。 b.既存のハンガーにかぶせて、型崩れを防ぐ(白い部分)。IKEAで購入。

⑤ バッグは無印良品の仕切りで倒れない

下段のバッグのスペースは、仕切りスタンドと仕切り板を組み合わせて立てて収納します。倒れにくく、取り出しやすくなりました。

① アクセサリーは無印良品のアクリルケースに入れて

透明なアクリルケースは、何が入っているかわかるので便利。中の仕切りを組み合わせて使うと細かいものも迷子になりません。

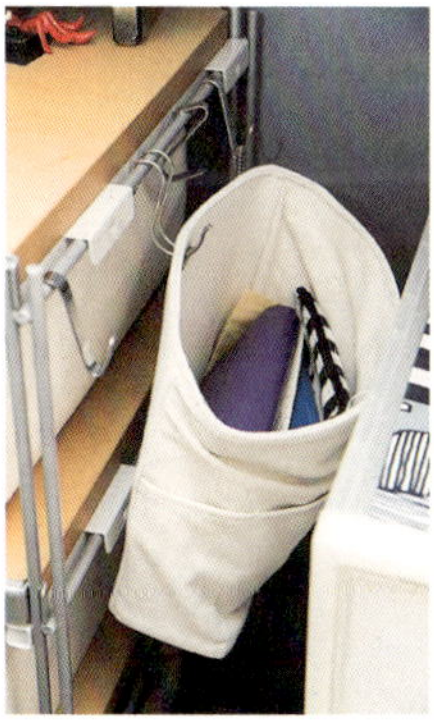

⑥ いつもバッグに入れる財布などは必ずここに戻す

バッグに入れる財布や手帳などは、帰宅したらここに戻します。翌日違うバッグにしても、中身をそのまま入れれば忘れ物はしません。

②③ 洋服は倒れないように立てて収納

洋服は取り出しやすいように立てて収納。倒れないように、引き出しの中に仕切りケースを使ったり、仕切り板を入れます。

Column

半透明の引き出しの目隠しアイデア

中のものが見えないように目隠しをすると、よりスッキリ。100円ショップで発泡スチロールの薄い板を購入し、引き出しの手前に入るサイズにカットしました。

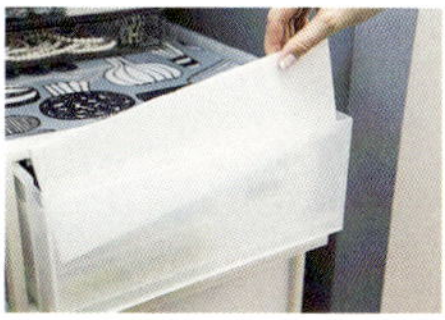

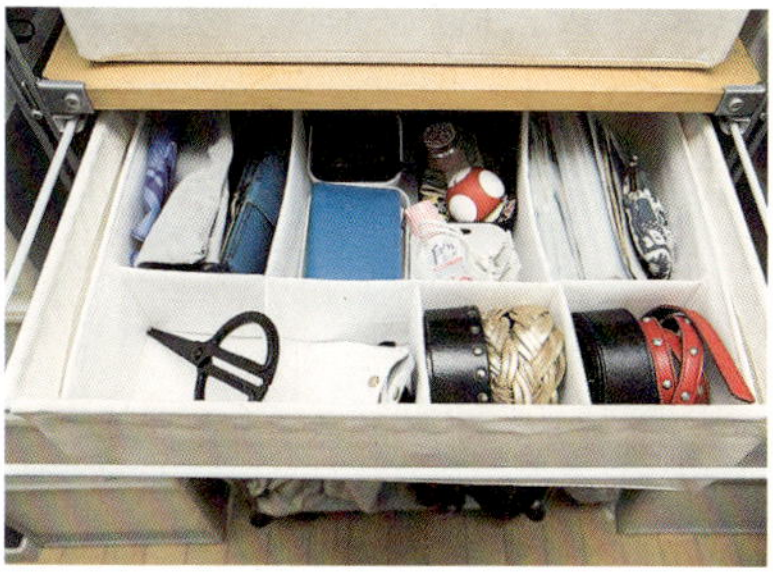

④ 無印良品の引き出し＋IKEAの仕切り

ユニットシェルフに帆布の引き出しをプラス。その内側に、IKEAの仕切りがピッタリ合いました。仕切りのおかげで見やすく。

ENTRANCE 玄関

玄関の自転車は夫と息子のもの。「車は持たずに、自転車を愛用しています。趣味でもあるので、グッズが増えているのが悩みです」。

外出するとき必要なものを下駄箱に収納する

「玄関の下駄箱には、靴だけでなく、に出かけるときに必要なものを収納しています。病院の診察券、学校に持っていく名札やスリッパなど、玄関にあると慌てないものを置くようにしたら、忘れ物が減りました。帰ってきたときに同じ場所に戻せば、次の外出でも慌てません」。細々したものが多いので、箱や引き出しを使って分類して収納。ふたつきの箱は、いちいち中を確認しなくていいようにラベルつきのものをセレクト。「子どもたちの習い事のリュックもここに。置き場所を決めたら、片づけられるようになりました」。

下駄箱

① ボックスやカゴで収納を楽しむ

箱や引き出し、カゴはブラック＆ホワイトでそろえています。中間色のグレーのボックスを組み合わせてアクセントに。

② ハンコや鍵は定位置に置いて

ハンコや鍵は決まった位置に置くと、自分だけではなく家族も迷いません。使ったあとは、また、すぐにここに戻します。

③ 子どもたちのリュックと靴は低い位置に

子どもたちが自分で用意できるように、取りやすい低い位置に収納。帰ってきたら、元の位置にしまうようになったとか。

④ おしゃれ靴はホコリよけのケースに入れて

下駄箱がオープンなので、ホコリよけのためにおしゃれ靴だけはケースに入れています。「通気性がよいメッシュタイプを選びました」。

⑤ ふだんの靴は収納力アップのグッズを利用

ふだんの靴は収納力アップのために、重ねて収納できるグッズを利用。下駄箱の棚の間隔が広いときは、有効活用するように工夫を。

⑥ 防災用品はすぐ取り出せる場所に

防災用品は、持ってすぐ出られるように玄関のここに。いつもは、見かけやホコリ防止を考えてカーテンをかけています。

PART 2

暮らしに合わせて、収納は模様替え感覚でアップデート

整理収納アドバイザー

村上直子さん

Naoko Murakami

銀行に5年間勤務後、雑貨店「アフタヌーンティー・リビング」での勤務を経て、整理収納アドバイザーに。夫、中学生と小学生の息子の4人家族。自宅のインテリアを参考にしながら、収納と整理を学ぶ「おうちサロン」が人気。著書に『子どもとすっきり暮らすシンプル収納ルール』(PHP研究所)。ブログ「Kiki＊Blog」も好評。
http://kiki2008.exblog.jp

●資格

整理収納アドバイザー1級
整理収納アドバイザー2級認定講師
ルームスタイリスト1級
第1回家事検定　三ツ星

●仕事

自宅公開セミナー
個人宅の整理収納お片づけサービス
リフォーム・新築へ引っ越し前のコンサルティング
骨格スタイル診断
行政・企業などセミナーの講師
オンラインショップ
「KIKI-MARKET」の商品セレクト・販売

収納は真面目になりすぎず模様替え感覚で楽しみます——村上直子さん

学生時代から、雑貨屋さんめぐりをするほどインテリア好きな村上直子さんは、ルールにしばられない、心地よい空間作りのための収納がモットーです。「快適さのために必要なのは、まず自分の家を見つめること。そして、家族も成長して、ライフスタイルも変化していくので、収納もアップデートすることが大切です」。

日頃から、収納を今の暮らしにフィットさせるために「小さな不便」を見逃さないように心がけているのだそう。「充電器が外に出ている、菜箸が取りづらい、子どもから毎日習い事の準備を頼まれる……など、気づいたらピンチをチャンスに変える発想で、改善策を立てます。困ってから変えると大掛かりになってしまうので、ちょこちょこ模様替えする感覚でチェンジすることを楽しみます」。

また、家にあるカゴやボックスを上手に使いまわすのも村上さん流。「新しく買い足さなくても、置き場所を変えたり、用途を変えるだけで、使いやすさが蘇って、部屋も新鮮な印象に映ります」。暮らしに寄り添った、風通しのいい収納は、家族や夫婦関係の円満にもつながるそうです。

2015年のリビング。今は、子どもたちが大きくなったので、ソファを大きめのものに。窓際の勉強机もアンティーク調の棚に変わりました。

村上さんのプロへのHISTORY

幼少の頃から高校卒業まで引っ越しが多く、小学校は3回、中学校と高校はともに2回転校を経験。常日頃から、ものを増やさない習慣が自然と身につく。

▼

大学を卒業後、銀行勤務を経て、「アフタヌーンティー・リビング」リビング事業部勤務。

▼

29歳で結婚。長男、次男の出産後はインテリアの仕事から離れるも、2008年、自宅で楽しむインテリアや収納のアイデアを紹介するブログを開設して、評判を呼ぶ。

▼

2010年3月、築28年の木造一戸建てを購入。ほぼ全面リフォームして、心地よい空間作りを実践しながら、整理収納アドバイザー1級をはじめ、数々の資格を取得。

▼

現在、自宅を公開して、収納や整理の基本、インテリアを楽しむためのアイデアを学ぶサロンを開催。個人宅の収納コンサルティングなども行う。

おうちDATA 4LDK／一戸建て／築34年

1F

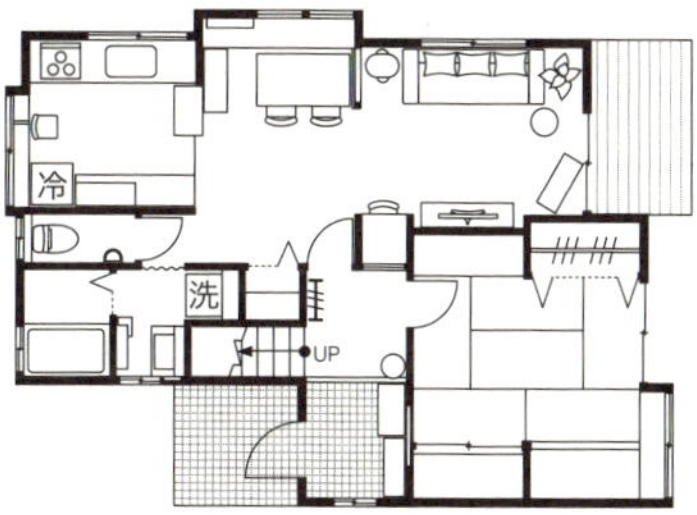

2F

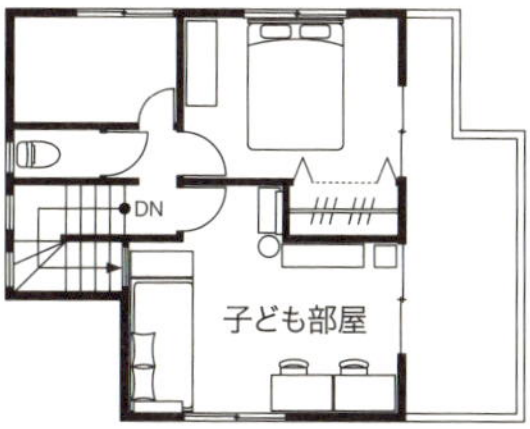

プロのテク 1

いつも使う収納グッズはお気に入りのものにする

「インテリアを楽しむように収納も楽しみたいので、毎日使う収納グッズは、お気に入りにこだわります。また、気に入ったものを大事に長く使えば、ものが増えません」と村上さん。

例えば、お気に入りのカゴをスリッパ入れに、素敵なトランクは子どものおもちゃ入れにしています。お茶スペースも、こだわりのカゴにグラスをセット。横に置いているホーローのやかんは、結婚当初から大切に使い続けているもので、お茶を沸かした後、保存容器として使用しています。

「愛着がわくものを家の中に散りばめておくと気分が上がり、家事テンションもアップします。家族も片づけに協力してくれるようになり、無理なくスッキリした部屋をキープできます」。

子どものおもちゃは持ち運びできるトランクに

長男と二男それぞれが専用のトランクでおもちゃを管理。愛着のわく収納アイテムは、子どもへ片づけの意識を促すのにも役立ちます。

ワイヤーカゴとやかんでお茶のスペースが完成

愛用のやかんとグラスを入れたカゴは、出したままで素敵なデザインを楽しみます。子どもも自分でお茶を飲むことができて一挙両得。

玄関のスリッパはマットとおそろいの縞のカゴにイン

スリッパを入れたカゴと玄関マットをストライプ柄でリンクさせています。玄関のような狭いスペースもスッキリとした印象が可能に。

Column

毎日使うものが素敵なら部屋がもっとおしゃれに

ゴミ箱にこそこだわってお気に入りをチョイス

生活感が出やすいゴミ箱も部屋に馴染むデザインなら素敵な雰囲気に。もともと鉢カバーだったものをゴミ箱に使い回しています。

ティッシュカバーはインテリアのポイントに

リビングやダイニングで意外と存在感を放つティッシュカバー。こだわりのデザインを選べば、インテリアのアクセントとしても活躍。

プロのテク 2

目的と頻度でものをグループ分けして収納する

「限りある収納スペースを有効に使うためには、固定概念をなくすことが大切。同じアイテムごとにまとめるのではなく、目的や頻度別にグループ分けをすることも、そのひとつです」。

村上家では、目的別にまとめる収納を、左ページの他にもいろいろ実践。「夫の出勤グッズのハンカチ＆ソックス、ジム用品、ケーキ作りセットやラッピンググッズなど、家族の行動に沿って分類します」。

また、文房具など使用頻度の高いアイテムは、出しておくことで使いやすさがアップ。ケースにまとめて、すぐ手の届く場所に置いています。「目的と頻度を意識して整理するようになってから、ものが管理しやすくなりました。家族がものを探す時間も減りましたね」。

村上流のグループ分けの手順

1 目的を考えて分類する

アイテム別ではなく、目的別にグループ分けします。家族の行動に沿って、その目的ごとにいっしょに使う道具や材料をまとめます。

2 頻度を考えてさらに分類する

目的別に分けたあと、さらに頻度別に分けると便利です。よく使うものは一軍、あまり使わないものは二軍と、使用頻度を確認します。

3 一軍と二軍は収納場所を変える

一軍のものは取り出しやすい場所に、二軍のものは高い所や奥に収納。一軍の数を絞ることによって、より使いやすさがアップします。

よく使う文房具は移動がラクなケースにまとめる

家族が迷わず、どこでも使えるように、持ち手つきの間仕切りケースにまとめています。ダイニングテーブルの横の棚が定位置です。

来客用グッズはラベルをつけてわかりやすく

箸置きやコースター、ナプキンなどをボックスにまとめます。戸棚からすぐ取り出せるように「来客用」のラベルをつけると便利です。

玄関の下駄箱にはお出かけ用の引き出しを

出先で購入しがちな虫除けスプレーや日焼け止めは玄関にまとめておくと便利です。学校用の名札や携帯用スリッパもいっしょに収納。

一軍のお弁当グッズは食器棚の引き出しに収納

専用の引き出しを作り、お弁当箱や水筒、ふりかけなどの食材を1カ所にまとめています。一軍のみを収納し、二軍は別の場所へ移動。

子どもの工作セットは持ち運びできる容器に

折り紙やはさみなど細々としたものは、そのまま持ち運べるファスナーつきケースに。使うときに確認して必要なものだけを補充します。

プロのテク 3

「動線」と「指定席」を考えて散らからないシステムを作る

「家族は何もやってくれないから、自分が全部やらなくては……」と、あきらめていませんか？　わかりやすく簡単な「家族参加型」の収納なら、自分もラクできて、長続きします。

「家族の行動のクセを観察していると、ものがあふれる場所、いつも探しているものなどがわかります。家族の動線に沿って、ものの指定席を作れば、それぞれが自分で出して片づけられる仕組みが整います」。

以前は自分の考えを優先していた村上さんでしたが、今では家族みんなの過ごしやすさを何よりも大切にしているのだそう。「最近は夫や子どもと相談しながら、収納の仕組みを考えています。家族にやさしい収納であれば、無理なく快適さをキープできます」。

動線がぶつからないよう余裕を持ってものを配置

家族が使いやすい配置にすることで、自分が調理し、子どもや夫が棚から食器を出してテーブルに並べるという同時作業が可能に。

子どもの動線に合った場所にラックを置く

中学生の長男は帰宅後すぐに制服を脱ぐので、ラックは玄関にあるとスムーズ。すぐ近くの収納庫に部屋着を置き、着替えはここで。

よく使う調味料は指定席に必ず戻す

基本調味料の塩、こしょう、砂糖、よく使うバジルはトレーにまとめて。場所を決めることで、散らかりを防ぎ、掃除もラクになります。

家族がよく使うものを、手間なく出せてしまえるようにする

2人の男の子がいるとは思えないほど、スッキリと片づいている村上家のリビングですが、長い時間を過ごす場所だからこそ、家族が使いたいものを置いています。「子どものおもちゃや家族みんなで使う細々とした日用品など、それぞれに『戻す場所』を作っています。また、出し入れが簡単なことが大切です」。

引き出しの中をケースで仕切ったり、取り出しやすく、片づけがラクなカゴを使うなど、ワンアクションの動作が基本。リラックスしたいリビングでは、ストレスフリーの収納が理想なのだそうです。

1

リモコンはまとめてボックスに入れる

リモコンは、仕切りのある木製ボックスに立てて収納しています。定位置を決めると、戻しやすく、家族みんながストレスなく使えます。

2

アダプターは取り出しやすく

散乱しやすいアダプターや充電器は、次にすぐ使えるよう束ねて収納場所へ。素敵な収納ボックスならテレビの横でも気になりません。

5 持ち手つきトランクで移動や片づけがラクに

細々としたおもちゃはトランクにまとめてテレビの台の下へ。持ち運べるので、他の部屋で遊ぶときや片づけるときにも便利です。

3 薬や衛生用品はわかりやすく仕切る

引き出し全体が上から見てわかるように、ニトリのケースでアイテム別に分類。日用品は、特に簡単に使えて戻せる工夫を。

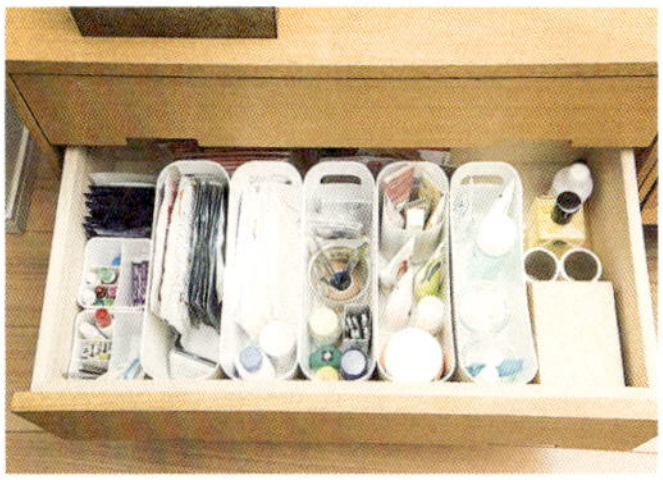

4 平らなカゴに子どもの一軍のゲームを並べる

口の広いカゴは、目線より下に置くことで見渡して管理ができるので、子どものゲーム収納に最適。量は増やさず、一軍限定にしています。

② カゴにはアイロン待ちの洋服がスタンバイ

忙しくてアイロンがけができない洋服は、一時保管場所があると散らかりません。時間があるときにテレビを見ながら、まとめて作業します。

① 子どもの本はしまい込まずに死角に置く

キャスターつきの木箱に絵本や図鑑を収納。ソファの脇など死角となる場所に置けば、手にしやすく、シンプルな部屋もキープできます。

Column

リビング近くの収納庫はイライラ予防の「先手収納」

リビングとダイニングで使う、毎日の必需品が納まっている収納庫。暮らしのイライラを予防する「先手収納」のアイデアがありました。

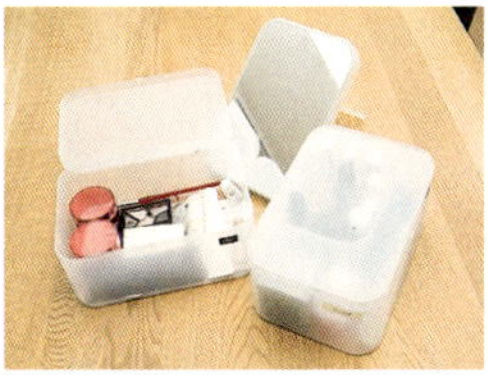

❶ 洗面所の混雑解消のためメイクはリビングで

家族の動線を優先したいので、メイクはリビングでする村上さん。無印良品の鏡つきメイクボックスで、使うアイテム別に収納します。

❷子どもたちの勉強道具は専用ボックスで散らからない

リビングで勉強する子どもたちのために、専用ボックスを用意して散らかりを防止。移動可能なキャスターつきだと片づけやすい。

❸手紙やDMは期限別に分けてごちゃつき防止

庫内の壁に100円ショップのケースで作ったDMホルダーをセット。すぐに処理できるものから大事な書類まで、期限別に分類して保管。

KITCHEN キッチン

「仕切る収納」「見せる収納」「死角に置く収納」で使いやすく

村上さんのお宅は、リビングからキッチンの奥まで見渡せる間取りです。生活感のない素敵な雰囲気で、しかも使いやすいキッチンを3つの収納術で叶えています。

スッキリのベースは、戸棚や引き出しの中を有効に使う「仕切る収納」。次に生活感のあるものを目線から外す「死角に置く収納」。そして、よく使うものや素敵なものは、出しておく「見せる収納」です。「毎日の食事は手早く美味しく作りたいもの。散らからずきれいが続くキッチンなら、作業もしやすく、リビングから見えても気になりません」。

仕切る

1 取りにくい吊り戸棚はグッズで仕切る

吊り戸棚の中は、白いボックスで仕切って目的別に収納。クリスマスのオーナメントを再利用したラベルで、見やすく、かわいく整理を。

仕切る

3 調味量は全量入る容器に入れ替える

調味料は保存容器にうつし替えます。容器のサイズは全量入るものにすると、余分なスペースも必要なくなり、食材の管理も行き届きます。

見せる

2 よく使う調味料はあえて調理台の上に

毎日使う一軍の調味料は、コンロ脇スペースが指定席です。トレーにまとめることで、ごちゃつきを防ぎ、掃除もしやすくなります。

死角に置く

④ 洗いカゴは吊るして調理台を広く

作業スペースを確保することが効率のよいキッチンのカギ。洗いカゴを使っていないとき、死角に吊るせば省スペースでしかも衛生的。

死角に置く

⑤ 洗剤は出しっぱなしでサッと掃除する

掃除用の電解水とハンドタオルは、すぐ手にできるように取っ手に吊るしたまま。入り口からの死角に生活感を隠してスッキリを可能に。

見せる

⑥ ゴミ箱は手作りの台と組み合わせて死角に

キッチンの入り口にある台は、村上家の動線に合わせて夫が手作りしたもの。ゴミ箱を隠して、ランチョンマットを収納できる優れもの。

⑦ じゃがいも、玉ねぎはガーデン用のカゴでおしゃれに

じゃがいもや玉ねぎはガーデニング用のカゴでセンスよく収納。通気性がよく、中身が見えるので傷む前に使い切れます。

死角に置く

仕切る

① 仕切り棚をプラスして皿を取りやすく収納

食器棚を有効活用できるよう、仕切り棚を使ってカスタマイズ。大きな器も取り出しやすく、子どもがお手伝いするときもスムーズ。

仕切る

③ 子どもがお手伝いできるようにわかりやすく

ごちゃつきやすい箸やカトラリーは、アイテム別にトレーで仕切ってわかりやすく収納。家族みんなが手間なく、ラクに使える工夫を。

見せる

② そのまま食卓に出してもいい容器を活用

デザート用のカトラリーは、アイテム別に立てて収納。持ち手つきのガーデニング用の容器は、テーブルに出してもサマになります。

Column

みんなが集まるダイニングは生活感をできるだけなくす

**ぬくもりあふれるカフェのような居心地の村上家のダイニング。
収納やインテリアのさり気ない味つけで、リラックスできるスペースに。**

❶スイッチプレートはインテリア雑貨でカバー

床暖房のスイッチは、木製フレームの時計で隠して、生活感をカバー。ピンに掛けただけなので、簡単に取り外せます。

❸ お菓子はふたつきのカゴに入れれば目立たない

カラフルで量もかさばるお菓子のストックは、ふたつきのカゴにまとめて。素敵なカゴなら、ダイニングに置いても邪魔になりません。

❷ 一軍のアクセサリーは木製トレーにキープ

お気に入りのアクセサリーは、テーブル横の棚が指定席。木製トレーにディスプレイのように並べて、インテリアとしても楽しみます。

SANITARY

洗面所

狭いスペースは色マジックを活用して居心地よく

スペースに限りがある洗面所は、機能的であると同時に、清潔感が感じられるスッキリとした印象が大事。村上さんは、色の効果を利用して、狭い空間を居心地よく使っています。

「洗面所内の色数を絞ると、統一感が生まれてクリーンな雰囲気に。我が家では、白をベースにタオルのブルーを差し色にしています。タオルの色をそろえるだけでも効果的です」。また、季節ごとに違った色のタオルを買い替えて、模様替えをするのだそう。他にも家電を白で統一したり、カラフルなストックは隠してしまうなど、色マジックが効いています。

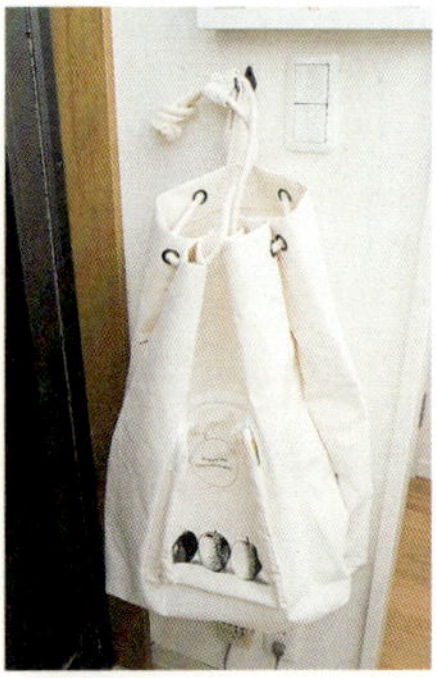

ランドリーバッグは洗面所が指定席

クリーニングへ出すものは、そのまま持ち運べるこのバッグへイン。ボリュームがあるので、死角となる入り口横の壁に吊るしています。

洗濯機の周りは白で統一して

洗濯コーナーは洗剤類も白いボトルに詰め替えてシンプルに。統一感のあるものなら、カーテンで隠さずにすむので使い勝手もアップ。

タオルはブルーにして清潔感をアップ

タオルも色をそろえて、スッキリをキープします。ブルーやグリーンなどの寒色系は、清潔感のある印象にしてくれるのでおすすめです。

② 夫の腕時計は洗面所が指定席

夫の腕時計は帰宅後の動線に合わせて、洗面所を定位置に。星型のトレーの上に置いて、棚のディスプレイと調和させています。

① かわいいカゴを利用して生活感をなくす

歯ブラシと歯みがきのストックは、ナチュラルなカゴにまとめます。生活感の出やすいものやカラフルなものは、隠す収納を。

TOILET
トイレ

リビングの一部のようにくつろげるトイレを目指して

リビングやダイニングと同じように、トイレもひとつの部屋ととらえている村上さん。「トイレ＝汚い場所ではなく、落ち着ける場所というイメージを大切にしています。清潔感が第一ですが、意外と人の印象に残る場所。シャンデリアやガラスの小物を飾って、明るい雰囲気を演出します」。

また、村上家のトイレに収納はありませんが、弱点をプラスに変えて、おしゃれ度をアップさせています。トイレットペーパーのストックをアイアンのカゴで壁にかけたり、掃除道具を小さな椅子で隠したり、それぞれが空間のアクセントになっています。

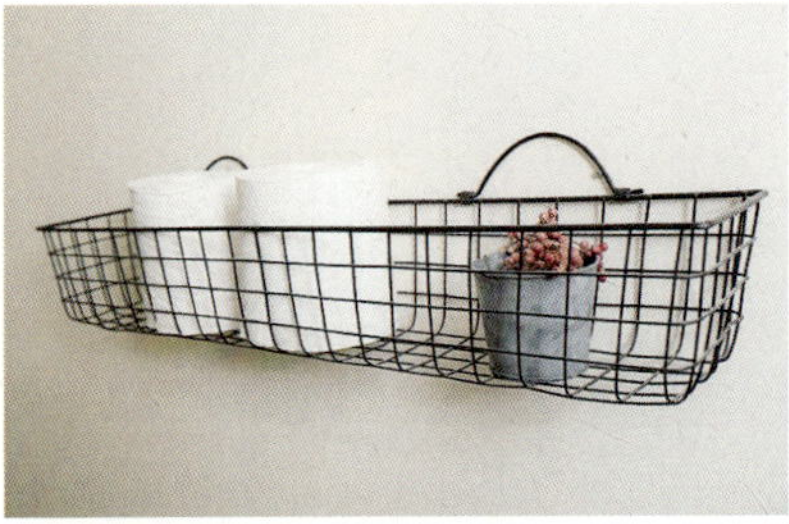

トイレットペーパーのストックはかわいく飾る

収納がないトイレは、壁を有効活用して、センスよく飾る感覚でトイレットペーパーをストック。インテリアの素敵なアクセントに。

照明は華やかにして雰囲気アップ

照明にはシャンデリアをあえてセレクト。トイレのネガティブな印象をくつろぎの空間に変えてくれる、新鮮なアイデアです。

掃除道具は椅子の下に隠して

生活感が出るトイレ用の洗剤や掃除道具は、ブリキの鉢カバーにまとめて、お客様の荷物置きにしている椅子の下へ。隠す収納で心地よさをキープしています。

KMSD BUS

KIDS ROOM
子ども部屋

子どもの成長に合わせて収納をアップデートする

年齢によって必要なものや持ちものが変わってくる子どもの部屋こそ、アップデートが必要な場所。「散らかりやすくなっているときこそ、収納を見直す絶好のチャンスです。子どもの動線や収納場所、スペースに対して量が適切かどうか、確認します」。

居心地のよさもだんだんと変化していくので、村上家では以前のナチュラルなやさしい雰囲気から、男の子っぽい部屋にイメージチェンジしました。子どもの要望を取り入れながら、生活に合った収納を整えていくことで、片づけやすく、過ごしやすい部屋をキープすることができます。

ベッドはスライド式で圧迫感がなく省スペースに

寝るときは下段を引き出し、兄弟２人が寝ているIKEAのスライド式ベッド。使わないときは下段に布団を収納し、上段がソファ代わりになります。

BEFORE

２段ベッドは子どもが成長して使いにくくなったので、買い替えました。

子どもが小さな頃は、おもちゃを飾ったり、明るく楽しい雰囲気に。

デスク周りはスッキリ。有孔ボードで小ものを収納

勉強はリビングでしますが、成長に伴い部屋で過ごす時間も増えてきました。長男の机は有孔ボードを活用して、機能性をアップ。

収納アイテムも成長に合わせてイメージチェンジ

ナチュラルなテイストの引き出しは、シックなダークカラーに色を塗り替えました。子どもの成長とともに、収納アイテムもアップデート。

おもちゃはグループ分けしてボックスに入れる

おもちゃの種類も増えてくるので、アイテム別に分類してまとめます。ケースは取っ手つきにすると、取り出しやすく移動もラクにできます。

以前は、ナチュラルでやわらかい雰囲気だった収納コーナー。

PART 3

「ストレスなし」だから「リバウンドもなし」の片づけ術

ライフオーガナイザー

新倉暁子さん

Akiko Niikura

結婚、出産後、苦手な家事と慣れない育児に奮闘するも、家中がものであふれかえる生活に……。「変わりたい！」という一心で、自分の暮らしを整えるために始めた勉強が、やがて仕事につながる。夫、小学1年生の長男、愛犬のトイプードルと2LDKに暮らす。

ブログ「The sky is the limit!」も好評。

http://ameblo.jp/dear0412

●資格

マスターライフオーガナイザー
ライフオーガナイザー1級
クローゼットオーガナイザー
整理収納アドバイザー1級
インテリアコーディネーター

●仕事

片づけとファッションをサポートする「studio cozy home」主宰
幼稚園・小学校受験対策片づけレッスン
ライフオーガナイザー入門講座
各種セミナー不定期開催
webサイト「Houzz」コラム執筆

指定席を決め、ルールを作れば自然に片づく家になります——新倉暁子さん

意外なことに新倉さんは、以前は「片づけられない女」だったといいます。「専業主婦に憧れて仕事を辞めたものの、ストレスはたまるし家の中はグチャグチャ。あの頃は、全てのことに自信を失っていました」。「今の自分にできることは何？」と考えた末、「家族のために、家の中を片づけよう」と決意したのだそう。

片づけやインテリアの勉強が、今では仕事にまで発展。「片づけが嫌いな私だからこそ、いかにラクにきれいな状態をキープできるかを常に考えることができます」。

とはいえ、ラクに片づけられる状態にするためには、最初の「土台作り」が必須と新倉さんは言います。それは、自分にとって必要なものを選びとり、その中から分類し、見やすく、取り出しやすい指定席を決める作業。これさえできれば、毎日の片づけはラクになり、家族も自然に片づけられるように。ルールを守れば、リバウンドすることもありません。「土台作りは時間がかかるし、コツコツやるしかない苦しい作業だけれど、その後には、インテリアを楽しめる素敵な生活が待っていますよ！」

おうちDATA

2LDK／マンション／築8年

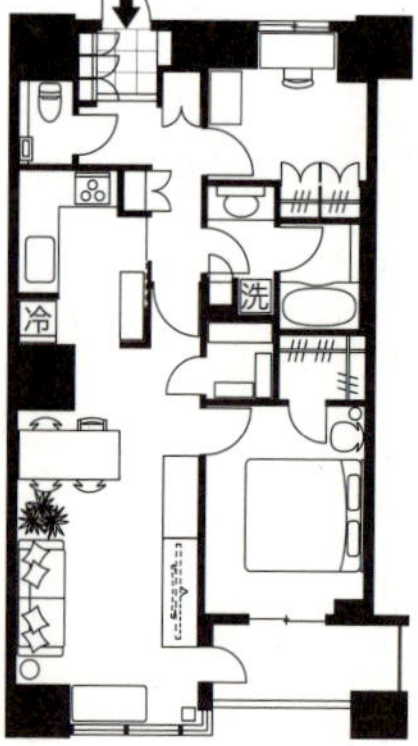

新倉さんのプロへのHISTORY

短期大学卒業後、百貨店に就職。イギリス留学を経験し、「家族と暮らしを大切に考えるライフスタイル」に感銘を受ける。

帰国後、外資系企業に勤務しているときに結婚、2009年に長男を出産。家事・育児ストレスと片づけ嫌いのため、家の中はグチャグチャに……。暮らしを整えるための勉強を始める。

2012年、通信講座でインテリアコーディネーターの資格を取得。その後も様々な資格を取得し、勉強仲間に触発されて開業、「studio cozy home」をスタート。講座や個人向け片づけサービスを行っている。

プロのテク 1

家族が自分で片づけられる「仕組み」を最初に作る

1.リビングのチェストの一角に設けた、息子のお片づけコーナー。図書館の本をしまう場所も。 **2.**おもちゃは決まった場所に戻すのを習慣に。最初はいっしょに、だんだん自分でさせていきます。 **3.**文房具は、透明のケースを使って取り出しやすく、戻しやすく収納。

「片づけはひとりでやるとストレスになります。家族全員でやれるような仕組み作りをすることが大切」と新倉さん。

やみくもに「片づけて！」と言っても、夫や子どもはどこから手をつけていいかわかりません。まずはこちらでわかりやすく片づけやすい指定席を用意してあげて、「これからはここに戻そう」というルールを徹底するのです。

ポイントは、動線に合った場所に、少し余裕をもってものを入れられるようにすること。

いったん場所とルールを決めたらあとの管理は本人に任せ、うるさく口出ししないことも、リバウンドしないためのポイントだそうです。

家族のための仕組み

1 ひとりずつに「自由引き出し」を与える

リビングのチェストには、ひとりにひとつずつ「自由に使っていい引き出し」があります。リビングで使った自分のものは、必ずここに片づけるルールにしているので散らかりません。

夫

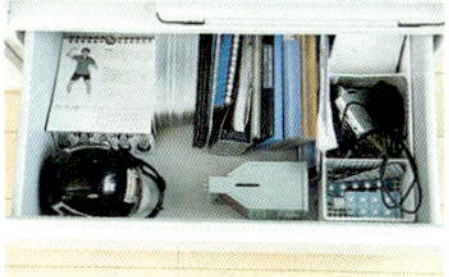

自分

子ども

2 ルールを決めて、あとの管理は任せる

夫だけが使うものについても、新倉さんがまずは場所を決めて、片づけやすいボックスなどを用意。「ここからはみ出さない」というルールを決めて、あとの管理は夫に任せます。

夫の大好きなカップラーメンは、キッチンの吊り戸棚の中が指定席。

3 ラベルをつけてわかりやすくする

何を収納する場所なのかわかりやすくするため、ラベルをつけておきます。家族にわかりやすいだけでなく、いつのまにか他のものが混じってグチャグチャになることも防げます。

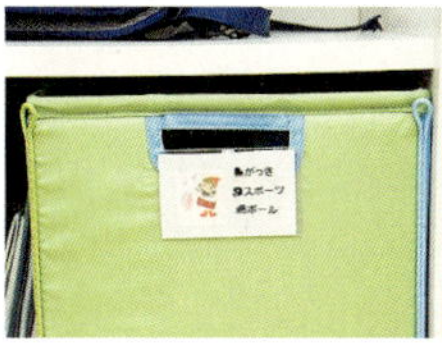

息子のおもちゃを入れるボックスには、字だけでなく絵も表示することでわかりやすく。

プロのテク 2 「見せる収納」と「見せない収納」を使い分ける

「家中、隅々まで収納が美しい必要はないと思います。大切なのは、片づいた状態をキープできるかどうか」と新倉さん。そのためのコツは、美しく整った空間を演出する「見せる収納」と、暮らしの効率アップを目指すための「見せない収納」を使い分けること。

「見せる収納」では、デザインのいいカゴやボックスなどの収納用品を使います。形や素材に統一感があるものを並べて使うときれいです。

一方、「見せない収納」で大切なことは、何が入っているのか忘れないようにすること。そのために、ひと目で見えるよう吊るして収納したり、半透明のケースを使うなどの工夫をしています。

見せる

見た目のいいカゴをそろえて使う

リビングのチェストの、いつもオープンになっている部分には、お気に入りのカゴをそろえて使用。カゴの中が多少乱れていても、外からは見えない。

見せない

紙箱やプラケースを活用

納戸の中では、靴を買ったときの箱や、無印良品の半透明プラケースを使用して、靴やブーツを収納。ただし靴箱は白かベージュだけと決めているそう。

見せる

お出かけに必要なものを ディスプレイ収納

よくかぶる大好きな帽子は、スタンドライトにひっかけて「見せる」収納。ほぼ毎日使うカバンも、チェアの上を指定席に。「ここは私のお気に入り空間です」。一日かぶって蒸れた帽子に風を通せるという利点も。

見せない

納戸の中では「吊るす収納」を活用

ウォークインタイプの納戸の中は、壁に自分で棚やフックを取りつけて、空間を無駄なく活用しています。子どもの習い事バッグも、吊るしておけばサッと手にとりやすい。

見せない

納戸の扉裏は子どもの自由スペース

納戸の扉裏の、青いマスキングテープで囲んだ部分は、子どもが自由に作品を貼れるスペース。お手伝いができたときに、「できたよシール」を貼るシートも、ここに。

見せる

トイレの壁を子どもの作品コーナーに

トイレの壁は、子どもの作品を飾るギャラリーに。リビングほど目につかないけれど、毎日眺められる場所です。きちんと額に入れ、ときどき入れ替えます。

プロのテク 3

「発想の転換」で片づけをラクにする

毎日の暮らしの中で、小さなバージョンアップを繰り返すのが楽しいという新倉さん。「自分が生活していて、『ちょっと引っかかるな』と感じるたびに、収納の仕方やものの使い方を見直してみます。ときには思い切って固定概念を取り払うことで、いい方法が浮かぶこともありますよ」。確かに、新倉さんの家の中には「なるほど!」と思うアイデアがあちこちに。

「大切なのは、使い手が心地よいと感じるかどうか。それがいいかどうかは、他人が決めることではありません」と新倉さん。そして、ものを買う前に、「うちにある何かで代用できないかな?」と考えてみるのも、ものを増やさないことにつながる発想の転換です。

カセットコンロは紙袋に収納

箱に入れていたカセットコンロは、丈夫な紙袋に入れ替えてみました。出し入れがラクになって、思った以上に便利。廊下の収納に立ててしまっています。

揚げ物バットは魚焼きグリルで代用

揚げ物のときに使う、油切り用のバットの代わりに、コンロの下の「魚焼きグリル」を利用。すぐ近くなので便利だし、網だけ洗えばよいのでラク。

子どものスニーカーは立てて収納

サイズが小さい子どもの靴は、下駄箱の中で迷子になりがち。そこで、100円ショップのプラスチックカゴを使って、「突っ込むだけの収納」に。スペースも有効利用できて、一石二鳥です！

一度はいたデニムは「ひっかけ収納」で風通し良く

一度はいただけでまだ洗わないデニム。ベルトの穴をS字フックにひっかけて、クローゼットの中で「吊るす収納」に。風を通せるし、はくときもすぐ手にとれるので便利です。

洗剤の使い方を底にラベリング

クエン酸やセスキ炭酸ソーダなどを、水で薄めて透明ボトルに詰め替えて掃除に使っている新倉さん。中身や、「水で○倍に薄める」などの使い方メモは、ボトルの底に貼っておけば、見た目スッキリ。

KITCHEN

キッチン

死蔵品を作らないよう見やすく、手に取りやすく

新倉家のキッチンは、L字型タイプ。作業動線が短いのはいいけれど、コーナー部分の収納の奥に、どうしてもデッドスペースが生まれやすくなるのが悩みです。

「以前は、同じ種類のストック調味料がいくつも出てきたり、賞味期限を過ぎた食品が出てきたりして、吹き溜まりになっていました」。そこで、マスキングテープなどを使って、食品のストックを管理する方法を工夫。「名前といっしょに賞味期限も書いておけば、食べ忘れがありません」。

もうひとつ、新倉さんがキッチンで多用しているのが、「同時に使うもの」をグルーピングして、カゴなどにまとめておくという方法。使うときはカゴごと出して、使い終わったらカゴごと戻せるのでラクチンです。

調理台下

調理しながら手に取りやすいよう収納する

キッチンは時間との戦いの場。調理中はなるべく歩かずに、ワンアクションで全てのものが手にとれるような収納を心がけています。

3 フライパンは立てて収納

フライパン類は、上からひと目で見渡せて、サッと取り出しやすいように立てて収納。オーブンの天板などもここに。

1 油・粉類は歩かずに手にとれる場所に

コンロ脇の引き出せるワゴンには、調理中によく使う油類や粉類などを収納。背の高い調味料類は下段に。

透明なシールを使って中身を表示。ふたも透明な容器なので中が見やすい。

4 乾物類は透明容器でわかりやすく

つい使い忘れてしまいがちな乾物は、透明容器に入れて、目につきやすいところに収納しておきます。

2 調味料はカゴごと出して使う

塩やこしょうなどの小さい調味料は、100円のカゴにまとめておき、調理するときはカゴごと調理台の上に出して使います。

Column

奥にあるストックをマスキングテープで表示

収納の見えない奥の部分には、防災用の水や調味料のストックを収納。忘れないように、扉の裏にマスキングテープを使って表示しています。

「今切らしているもの」は、テープを縦に貼るのがルール。

吊り戸棚

ボックスやカゴを使って分類

手の届きにくい吊り戸棚のものは、ボックスやカゴを使うと取り出しやすくなります。使う頻度の高いものを低い位置に収納。

③ 子どもの大好きなごはんの友セット

ふりかけやお茶漬けが大好きな息子の、「ごはんの友セット」をカゴにひとまとめに。「ママ、あれ出して」と言われたらサッと出せます。

① 夫の好きなものコーナー

カップめんが大好きな夫のために、夫なら届く高い位置に専用ボックスを用意。ここに入る量ならOKというルールで、買いすぎも防げます。

④ いざというときの非常食の収納はデッドスペースを活用

非常食は、収納スペースの手の届きにくい奥のほうに常備。マスキングテープ（P.69）で賞味期限切れにならないよう管理しています。

② 友達が来たときにパッ！と出せるセット

子どもの友達やママたちが来たときに便利なセット。カトラリーや紙ナプキン、紙コップをまとめておけば、このままテーブルに出せます。

冷蔵庫まわり

中途半端なすき間も上手に活用

冷蔵庫の上や脇の中途半端なすき間も上手に活用して、ものを外に出さない収納に。ピッタリサイズの収納グッズ探しは、通販が便利です。

2 キャスターつきのスリムラックで見せない収納

冷蔵庫の高さ・すき間にピッタリのキャスターつきラックは、通販で見つけました。トレーやランチョンマットなどの収納に重宝。

1 カラフルな調理器具はカゴの中へ

夫が勝手に買ってきた、カラフルなかき氷器。ナチュラルなカゴの中に収納し、夏は冷蔵庫の上にスタンバイ。使うときはすぐ出せます。

Column

ミキサー類はしまい込まずに近くに収納

ミキサーや圧力鍋、フードプロセッサーなどは、見えないと使わなくなってしまいがち。すぐ届くところに収納し、常時使えるようにしています。

3 根菜類は紙袋を使って収納

根菜類も、キッチンで収納場所に困るもののひとつ。紙袋を使えば通気性がよく、狭い場所にも収まります。汚れたら取り替えて。

紙袋を内側に折り込むだけで、ボックスに変身。

LIVING リビング

子どもが片づけ上手になるしかけを作る

子どもが小さいうちは、子ども部屋でなくリビングやダイニングで過ごすことが多いので、勉強道具やおもちゃなどは、リビングのチェストに収納しています。

ボックスやファイル立てなどを使って指定席を決めておけば、子どもも自分で片づけられるように。ときどき全てのものを出して、いるもの・いらないものを仕分けし、もう一度戻すという作業をいっしょに行います。今では息子さんのほうから、「ママ、そろそろライフオーガナイズしようよ！」と声をかけてくれるのだそう。

TVボード

収納量たっぷりでも壁と同じ色なのでスッキリ

IKEAで見つけた、収納スペースつきのTVボード。大きいけれど壁と同じ白なので、目立ちすぎずスッキリ見えます。

2 ランドセルや教科書も置いてリビングで明日の準備

小学校入学を機に、チェストの中にランドセル置き場も作りました。教科書や文房具も近くに収納し、時間割をそろえるのもここで。

1 おもちゃは届きやすい位置にボックス収納

おもちゃは、軽い布製のボックスを使って、子どもが届きやすく、中も見やすいよう低い場所に収納。ぎゅうぎゅうに詰めすぎないのも、片づけやすいポイント。

③ リモコンは トレーの上が指定席

家族があちこちに置いて「どこ行った？」となりがちなリモコン。チェストの中に指定席を決めて、ここに戻すのを習慣に。

④ 子どもの着替えも 取り出しやすく

子どもはリビングで着替えるので、洋服もここに収納。靴下、Tシャツ、ズボンなどアイテム別に入れ、カゴごと出して選びます。

⑤ 子どものプリントは、 インデックスをつけて整理

学校や習い事の教室からもらってくるプリント類は、残す必要のあるものだけクリアファイルに入れ、インデックスを使って整理。

「一時置き場」があると散らからない

「ちょい置き」するときのために、見た目のいいカゴを用意。夫に見てもらいたい子ども関係のプリントも、バインダーにはさんでここに。

Column

ファイル立てを利用して、ごちゃつくケーブル隠し

ごちゃついて見えるパソコンの周辺機器やケーブルは、白いファイル立ての中に収納して目隠し。文房具を家のあちこちで収納に活用しています。

CLOSET クローゼット

見やすい収納でさらにおしゃれになれる

クローゼットのお片づけカウンセリングをするときは、同時にスタイリングのアドバイスもするという新倉さん。「持っている服をちゃんと把握していないと、同じような服を買ってしまったり、持っている服に合わない服ばかり増えて着回しがしづらいといった失敗にもつながります。それを防ぐためにも、見やすい収納を心がけることが大切です」。

また、クローゼットを美しく見せるためにおすすめなのが、ハンガーをそろえること。「扉を開けてズラッとそろったハンガーが目に入ると、テンションが上がりますよ！」。

1 一度着たけれどまだ洗わない服の置き場

パジャマやふだん着の一時置き場として、カゴを用意。これで、脱いだものをあちこちに置くことがなくなりました。

2 捨てられない思い出のものコーナー

理由はわからないけれど、夫が「捨てたくない」というものは、厳選してもらい、収納場所を用意。無印良品のプラケースに入れて、上の棚へ。

ウィークデイとオフの日の服を分けて収納

以前は扉が閉まらない状態だった夫のクローゼットをいっしょに片づけて、大量に洋服を処分。右側が会社に行くときの服、左側が休日用の服と決めたら、朝の準備もスムーズに。

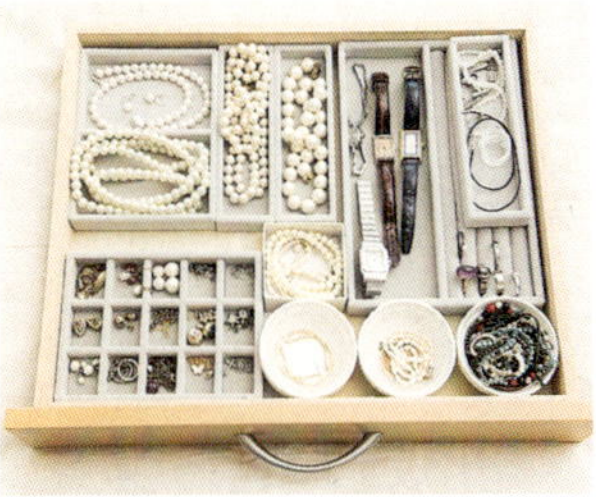

奥側からスカート→アウター類を色がグラデーションになるように吊るしています。小もの類も左の壁面を利用して、吊るす収納に。

2 アクセサリーは分類して引き出しの中に

アクセサリーはチェストの引き出しに、無印良品のケースやトレイなどを使って、ひとつずつ、見やすく収納。ひと目で見渡せるので、出かける準備もスムーズに！

3 洋服の一時避難スペースを作るとラク

着たけれどまだ洗わない洋服を入れたり、ときには「疲れて、もう戻すなんてできない！」と思ったときに仮置きするためのカゴ。これがあるだけで、気持ちがラクになるのです。

1 ストールは丸めて選びやすく収納

洋服はベーシックで落ち着いた色のものを選び、ストールなどの小もので変化をつけるのが新倉さん流。クルクル丸めてカゴに入れる収納なら、しまうのが簡単で、選びやすい。

Column

フィルム鏡なら手軽につけられて安心

コーディネートのチェックに欠かせない全身鏡。省スペースのため、扉裏にフィルムタイプの鏡を貼りつけました。軽量だし割れないので安心です。

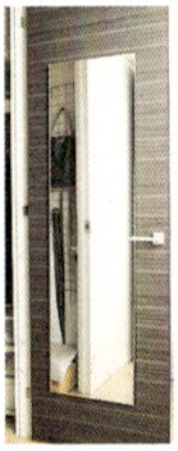

避難用の靴をベッドの下に常備

危機管理主任4級を取得した新倉さん。震災でガラスなどが散乱したときを想定し、ベッドの下に避難用の靴を常備しています。

SANITARY 洗面所

なるべくものを減らして衛生的に収納する

「洗面所は、いつも清潔に保ちたい場所。ものが置いてあると掃除がおっくうになるので、とにかくものを外に出して置かないようにしています」という新倉さん。

引き出しや棚の中では、無印良品や100円ショップで見つけた透明なケースを多用して、散らかりがちな小ものを分類・収納。使う洗剤の種類も最低限に絞ることで、ものを少なくして、空間に余裕のある収納を心がけています。

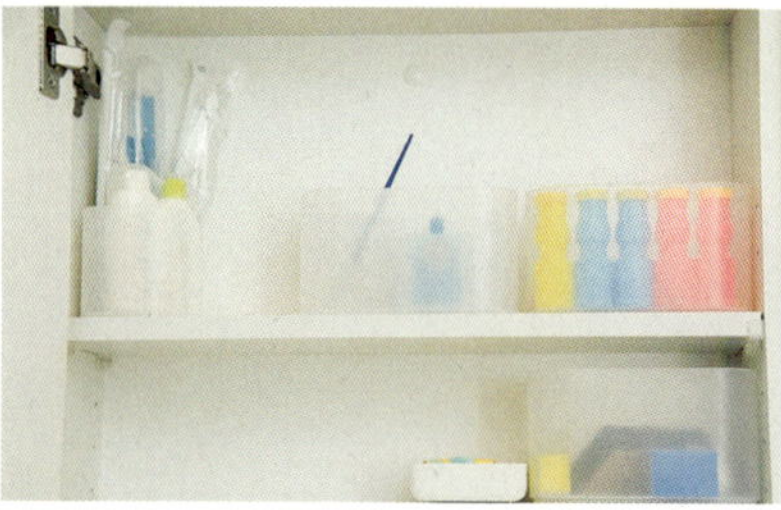

1 シャボン玉や絵の具はすぐ洗える場所に

子どもがときどき遊ぶシャボン玉や絵の具は、ベタベタになるので置き場に困ります。結局、洗面所に置くのがベストという結論に。

Column

試供品は目立つところに置いて、使い忘れ防止

化粧水やシャンプーなどの試供品は、しまい込むと使い忘れがち。引き出しを開けてすぐ目に入るところに、いつも置いておきます。

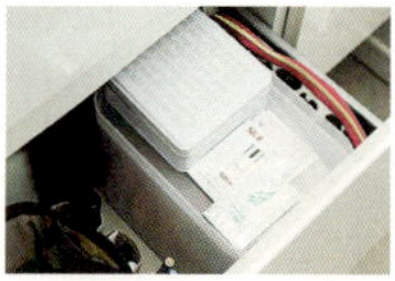

Column

子どものやる気を引き出すアイデア

子どもにやる気を出させるために「成果を目に見える形にする」のが新倉さんならではのアイデア。ママのイライラやストレスを解消するのにも、役立ちそう!

子どもの勉強プリントは、写真を撮ってから捨てる

学習プリントはある程度ためておいて、写真を撮ってから処分。「こんなにたくさんやったんだね！」とほめることで、子どものモチベーションがアップ。

朝・夕の「To Doリスト」で時間の管理をさせる

「早くしなさいっ！」と子どもに大声を出さなくていいように、「やることリストボード」を作成。上から順番にやっていくだけでOKなので、わかりやすい！

「歯磨き」「着替え」などひとつやるごとに、ウサギのマグネットを移動する仕組みに。

2 メイクセットはバッグにまとめると出し入れがラク

毎日使うメイク道具は、ポケットのたくさんついたバッグにまとめて、引き出しの中に。使うときはバッグごと出して、洗面台の上に。

3 透明容器で清潔感のある収納

洗面所の収納では、透明のプラスチック容器を多用しています。中が見やすくて清潔感があり、水洗いできるから便利。

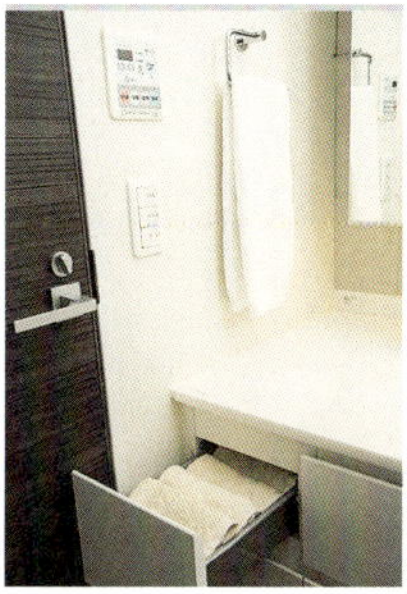

4 自分と家族のタオルは分ける

タオルの使い方は家庭ごとに違いますが、新倉家は「男子と女子で分ける派」。夫と息子のタオルは白、自分のは茶と決めています。

洗濯ハンガーの置き場も決めておく

出しっぱなしだと、生活感がありすぎる洗濯ハンガー。洗面所の棚の中に指定席を決めておけば、使わないときはここに戻すことができます。

洗剤は透明のボトルに詰め替えて見た目よく。

広くないから、空間を無駄にしない工夫をする

新倉さんはマンション住まいなので、玄関はそれほど広くありません。快適な空間にするために、常に「何も置いていない玄関」を目指しています。

「玄関がいつも整っていれば、『行ってらっしゃい』も『ただいま』も、気持ちよくできると思うんです」。

下駄箱の中は、以前は収納グッズを使ってよりたくさんの靴を納めようとしていましたが、結局シンプルな平置きが一番ということに。その代わり、靴の数を増やしすぎないよう気をつけています。

靴は斜めに置くとたくさん入る

パンプスは斜めにして前後にずらしながら収納することで、たくさんの靴を収納することができます。これも、新倉さんらしい発想！

ブーツはまとめて無印のクリアケースに

ブーツは一足ずつ箱に入れると場所をとるので、無印良品のポリプロピレンボックスにまとめて収納。薄紙をはさんで仕切りにしています。

Column

防災用品は2カ所以上に置く

大地震のときには、床にものが散乱して、立ち入れない場所ができるかも。だから、防災用品は一カ所だけでなく、分散して保管しています。

「靴を出しっぱなしにしない、飾り棚に無造作に鍵などを置かないという約束を守れば、玄関のスッキリを維持できます」と新倉さん。

Column

＼新倉さんおすすめ／

片づけが楽しくなる収納グッズ

見た目がよくて使いやすい収納グッズを常に探しているという新倉さん。
愛用しているおすすめのグッズを紹介してもらいました。

シンプルデザインのウエットティッシュケース

ふたつきで乾燥を防いでくれるウエットティッシュケースは、リビングに常備。安価なおしりふきを入れて使用している。

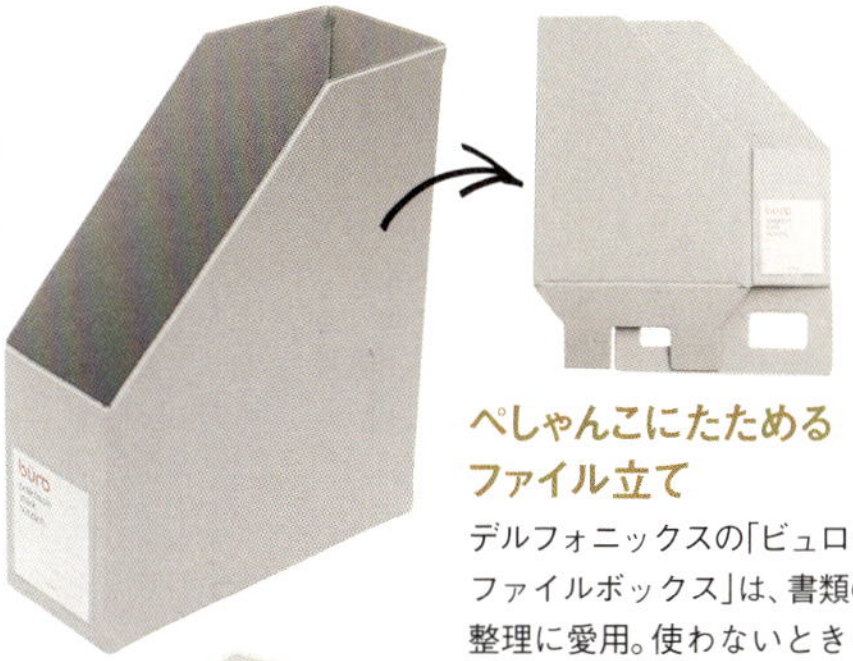

ぺしゃんこにたためるファイル立て

デルフォニックスの「ビュローファイルボックス」は、書類の整理に愛用。使わないときは平たくして収納できる。

カトラリーの整理に便利な100円ケース

Seriaで見つけた、カトフリーケース。入れるものの大きさに合わせて、中の仕切りが動かせるので便利。

すべりにくいハンガー

起毛素材なので薄手の生地でも滑りにくい。ニトリのハンガー（左）、ボトムスには、頑丈なマワハンガーを使用（右）。

密封できて軽い調味料容器

キッチンで粉類や乾物入れに使っている、TAKEYAの「フレッシュロック」。プラスチックなので軽くて、密封できる。

チョコレートみたいな珪藻土の乾燥剤

調味料の容器に入れている、soilの「ドライングブロック」という乾燥剤。チョコのように折って使え、見た目もかわいい。

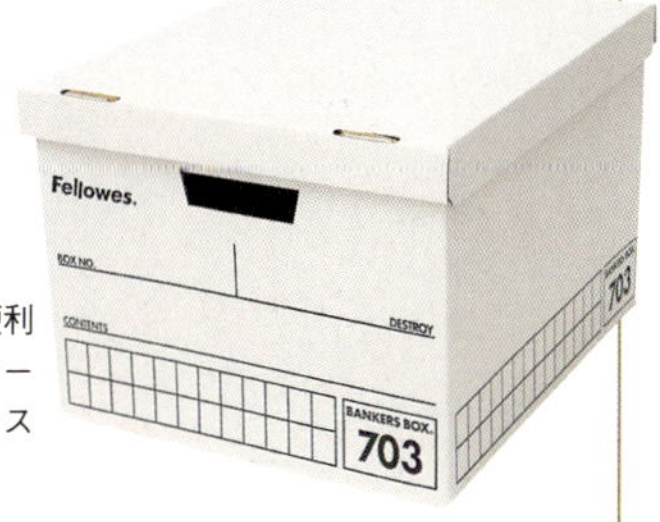

見えてもOKのバンカーズボックス

衣類や雑貨などの収納に便利な、フェローズの「バンカーズボックス」。このルックスなら「見せる収納」もOK。

Pick up!

スッキリのヒミツ

収納のプロの片づけ&家事タイムスケジュール

忙しいプロたちの片づけ&家事タイムを紹介します。スッキリをキープするヒミツを見つけました。

VOL.1

PART 1

大木聖美さん(P.6)

メインの家事は朝にすませ、夕方以降は「ながら」で乗り切る

掃除は朝、家族が起きる前にすませ、トイレも毎朝にこまめにやる派。夕方以降は、「ながら」掃除&片づけで忙しい時間をやりくりします。

片づけ　家事

5:45 ▶ 起床

朝食&お弁当作り

家族が起きる前に家中をざっと掃除

前日の夜にものは指定席に戻しているので、テーブルの上は何もなしです。

7:00 ▶ 朝食

後片づけしながらキッチン全体を拭き掃除

家族が出かける

トイレを掃除

8:30 ▶ 収納講座のために外出

外出前にテーブルの上のものを片づける

17:00 ▶ 帰宅。子どもたちも帰宅

手紙やDMを仕分けする

子どもたちの学校プリントを仕分けする

紙ものはできるだけすぐに仕分けて、保管が必要なものはファイルします。

収納講座の書類や道具を整理する

18:00 ▶ 夕食準備

合間に洗濯物をたたんでしまう

19:00 ▶ 夕食

後片づけしながら、コンロ周りも掃除

21:00 ▶ 夫が帰宅

夫のものは夫に片づけてもらう

歯磨きのついでに洗面所を拭き掃除

23:00 ▶ ものは全て指定席に戻して寝る

PART 3

新倉暁子さん（P.58）

夕方以降は子どもといっしょに家事&お片づけを

学校のプリントの仕分け、寝る前の片づけなどは、お母さんがアシストするけれど、主役は子どもに。習慣にすることが大切。

片づけ　家事

- 6:15 ▶ 起床
- 7:00 ▶ 朝食
  - 後片づけしながらキッチンをセスキ炭酸水とキッチンペーパーで拭く
  - 家族でダイニングテーブルをスッキリさせる
- 7:30 ▶ 家族で一斉に出かける

ものが外に出てないキッチンだから掃除がラク。

- 17:30 ▶ 帰宅
  - ポストをチェックし、エレベーターの中で手紙やDMを仕分け
  - 洗濯物取り入れ
  - 子どもが帰宅。学校の連絡事項プリントをいっしょに仕分けする
  - 子どもが宿題・時間割をスタート（夕食までにすませるルール）
  - 夕食準備
  - お風呂掃除のついでに洗面台の掃除

子どものものはまとめてリビングのチェストに。

- 18:45 ▶ 夕食
  - 子どもといっしょに後片づけ（食器をダイニングテーブルから下げる作業は子どもが担当）
  - キッチントップの汚れ、シンク蛇口を磨いて終了
- 19:30 ▶ くつろぎながら洗濯物をたたむ
- 21:00 ▶ 子どもが就寝前に自分のものを片づけ（お母さんはアシスト）
- 21:30 ▶ 残りの家事や学校連絡事項を確認
  - リビングを整えてリラックスタイム
- 22:00 ▶ 夫が帰宅
- 23:00 ▶ 就寝
- 24:00 ▶ 夫が就寝。夫がリビングの片づけを担当（家族が起床する前まで）

PART 2

村上直子さん（P.34）

朝食後に片づけ&掃除。1日を気持ちよく過ごします

朝食後、外出までが片づけ＆掃除タイム。雑貨を飾るのが好きなので、床掃除前にハタキでホコリをはらうのが日課です。

片づけ　家事

- 6:00 ▶ 起床。お弁当作り
- 7:00 ▶ 朝食
  - ものを指定席に戻しながら、ホコリをはらう
  - 家中をざっと掃除する
  - 床にものがないように片づける
  - 家族が出かける

出していてもおしゃれに見えるハタキを愛用。

- 8:30 ▶ 外出前にテーブルの上のものを片づける
  - 洗面所を使った際に洗面台・鏡、トイレの掃除
  - 収納作業のために外出
- 15:00 ▶ 帰宅
  - 手紙やDMは仕分けする
  - メール確認や書類整理をする
- 16:00 ▶ 子どもが帰宅
- 16:30 ▶ 子どもが洗濯物をとり込み、お風呂掃除。
- 18:00 ▶ 夕食準備。洗濯物をたたむ。長男がお弁当箱を洗う。
- 19:00 ▶ 夕食。食後の洗い物と同時にレンジ周りを掃除する
  - 子どものプリントの整理、明日の準備
- 20:00 ▶ 洗濯物をクローゼットにしまい、翌日の洋服を準備
  - テレビを見ながらアイロンをかける

アイロンが必要な洋服はリビングのカゴにキープ。まとめてかけます。

- 21:00 ▶ 事務仕事をする
- 22:30 ▶ 夫が帰宅
- 23:00 ▶ ものは全て指定席に戻して寝る

PART 4

古くても狭くても心地よく暮らす

整理収納アドバイザー

伊藤美佳代さん

Mikayo Ito

インテリア関係の会社での営業職、電機メーカーでの照明プランナーなどの仕事を経て、整理収納アドバイザーに。築50年の2ＬＤＫ52㎡の団地に夫と猫2匹と暮らす。家族やペットが笑顔になれる居心地のいい住まいづくりをモットーに活動。ブログ「笑顔あふれる住まいづくり」も好評。
http://mikayo-ito.jugem.jp

子どもの頃から、収納、片づけ、インテリアが好きだった伊藤美佳代さん。仕事も自然にインテリア関係の職種を選んできました。30代の前半に体調を崩し、仕事をセーブして家で過ごしていたときに、「インテリアを素敵にする前に、収納をスッキリと使いやすくするのが大切」と気がつきました。

その後、当時築40年だった今の団地に引っ越して10年。その間に猫2匹が家族の一員になりました。「古くて狭いのですが、自分のアイデア次第で心地よくできることを楽しんできました」と伊藤さん。そんな試行錯誤が、整理収納アドバイザーの資格取得や仕事への意欲につながりました。資格を取ってから、家族や猫の暮らしやすさを考えるようになったそうです。「『思いやり収納』と名づけて、片づけが苦手な家族に合わせたものを提案しています。自然に自分にも家族にも、猫にも優しい気持ちになれる収納です」。

●資格
整理収納アドバイザー1級
整理収納アドバイザー2級認定講師
インテリアコーディネーター
2級色彩コーディネーター

●仕事
整理収納アドバイザー2級認定講座
個人宅の整理収納お片づけサービス
整理収納自宅セミナー
照明プランニング
整理収納アドバイザー集団の「Team Active」のコラボ講座

プロのテク 1 片づけが苦手な家族に合わせる「思いやり収納」

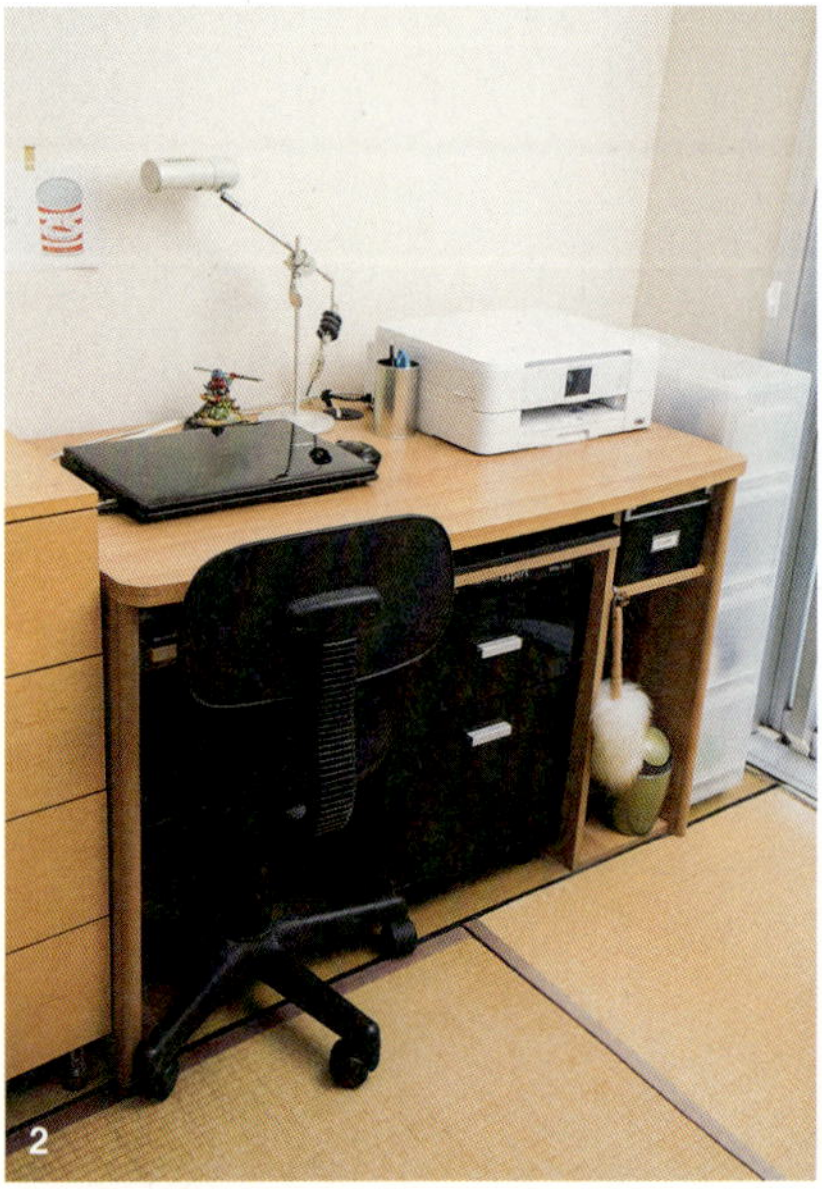

1.夫婦で押し入れをクローゼット代わりに使っています。カーテンを全開しなくても取れる上段の左側、下段の使いやすい上から１～２段目は夫の場所に。 2.夫が仕事で使っているデスク。夫が使いやすいように相談して収納の仕組みを作ります。

「家族の中で片づけが苦手な人はだれですか？　収納はその人に合わせて考えるといいですね。うちの場合は夫です」と伊藤さん。例えば、クローゼット代わりに使っている押し入れの、一番使いやすい場所は夫用にしました。そうしたら、夫の出しっぱなしが減り、自分で戻すようになったそう。

収納や片づけを自己流でやっていたときは、効率第一。でも、整理収納アドバイザーの資格を取ったあとは「何のための収納？」と考えるようになりました。「家族が心地よく暮らせるのが一番なので、使う人のことを思って収納をするようになりました。家族が片づけられるようになると、自然に、自分にも相手にも優しい気持ちになります」。

おうちDATA

2LDK／団地／築50年

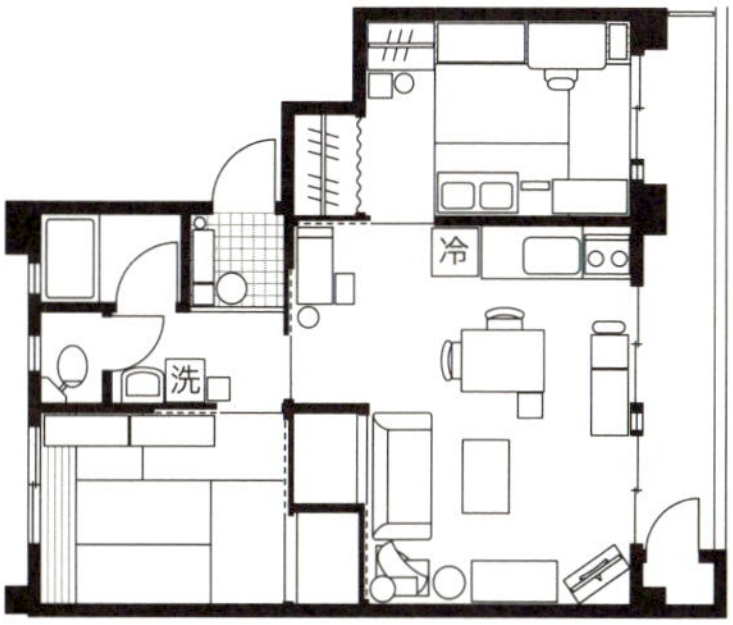

伊藤さんのお仕事風景。生徒さん４人に収納の講義です。

伊藤さんのプロへのHISTORY

インテリア関係の会社での営業職を経て、インテリアコーディネーターの資格を取得。電機メーカーで照明プランナー、インテリアショップで店員を経験。

27歳で結婚をし、30代前半で体調を崩したことをきっかけに仕事をセーブ。家でゆっくり過ごし、収納の大切さに気がつく。

2006年　築約40年の団地に引っ越す。友人が住んでいて、住みやすいとすすめられた。

2009年　猫を飼い始める。さらに、2012年にもう1匹増える。

2014年　40代を目前に、一生できる仕事をしようと考え、以前より興味のあった整理収納アドバイザーの2級講座を受講。

2014年　年末に整理収納アドバイザーの1級取得。ブログを開設して、仕事をスタートさせる。

プロのテク

2 古い家の定番「押し入れ」は奥行き・高さを克服する

リビングの押し入れ

よく使うものは上段にグループ分けして入れる

上段は、リビングで使うものをグループ分けして収納。下段は、掃除機、思い出ボックスなど重いものや出番が少ないものを。

家事動線として、ここで洗濯物を干すのがベスト。「上段の手前は洗濯物干し場です」。

洗濯ハンガーをかけるために太めの突っ張り棒を、押し入れの天井付近に取りつけました。

伊藤さんのお宅には、押し入れが3間あります。上手に使えば大容量の収納スペースになりますが、奥行きと高さがあるので、使いこなすのが難しい場所。「押し入れ専用のラック、カラーボックス、クリアケースなどを使って、仕切っています。収納グッズにキャスターをつけると移動しやすくなって、奥のものが取り出しやすくなります」。

収納する場所は、使う頻度によって決めます。よく使うものは、取り出しやすい上段に。下段はかがまないと取れないので、あまり使わないものやオフシーズンの家電などを収納。「掃除機などの重い家電も下段のほうがラク。手前はよく使うもの、奥はあまり使わないものを入れるといいですよ」。

クローゼット

上段は吊るす、下段はたたむ。奥行きも使って収納力アップ

クローゼット代わりの押し入れは、上段は専用ラックで洋服を吊るし、奥は使用頻度の低いものを収納。下段はクリアケースを活用。

押し入れの戸を撤去し、カーテンをつけました。開け閉めがラクになり、身支度の時間が短縮に。

上段に配置したラックは、手前の洋服を外すとこんな感じ。奥まで利用できるので便利。

キャスターを活用して奥のものも取り出しやすくする

上段はいつも使っている布団、下段はストックを収納。下段のカラーボックスと箱には、キャスターがついているので移動できます。

下段の手前のカラーボックスと箱を動かすと、奥にはオフシーズンの家電などのふだんは使わないものも収納しています。

寝室の押し入れ

まだまだある
押し入れのアイデア

高さを仕切る

よく使うものをわかりやすく収納するために、ラックを入れて、ボックス、カゴなどを組み合わせて細かく仕切って使いやすくします。

細かく仕切ればふだん使いのものも収納できる

リビングの押し入れの上段は、ふだん使いのものを収納。リビングが狭く、ものを外に出したくないので、押し入れの活用はマスト。

1 手紙セットはまとめて取りやすい場所に

便せん、封筒、切手などはひとつにまとめて、引き出しやすい細長いケースに入れます。

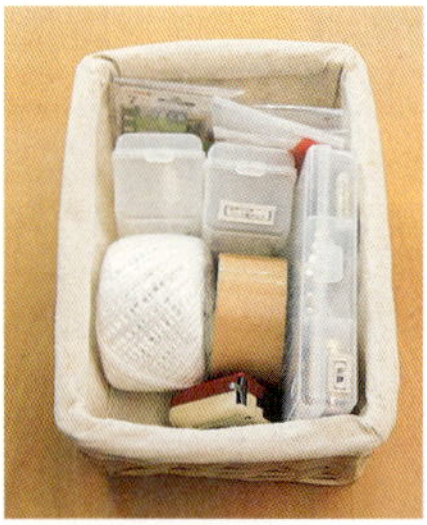

4 グループ分けしづらいものはまとめてカゴに入れて

ビニールひも、メジャー、フック類、電池、ガムテープ、保存袋などをまとめました。

3 コの字ラックをプラスしてさらに高さを仕切る

コの字ラックを入れて、高さを仕切ると、2段使いできます。収納力アップのテクです。

2 裁縫セットは平たいカゴが使いやすい

針や糸など小さいものが多いので、中身がひと目で見える平たいカゴで、わかりやすく。

引き出しや箱でまとめて収納する

大きいものでもそのまま収納するより、グループ分けして引き出しや箱に入れてから収納するほうが、ごちゃごちゃしません。

思い出の品は箱に入るだけと決める

夫婦２人のそれぞれの思い出の品が入ったボックス。箱からはみ出したら見直しを。結婚式の思い出ボックスも作りました。

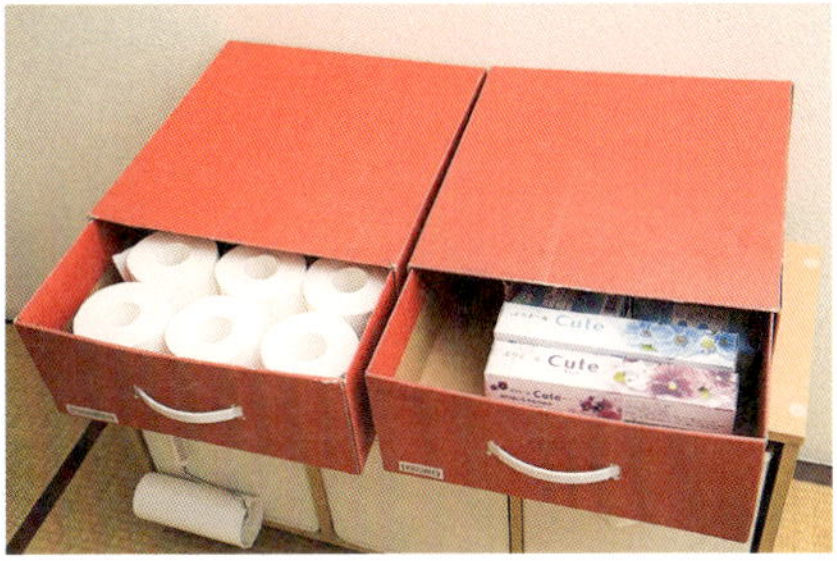

引き出しなら空きスペースも有効に

カラーボックスを入れたときにできる空きスペースに、引き出しをイン。引き出しなら奥行きのあるところも、有効に使えます。

キャスターをつける

奥行きを有効活用するために、キャスターつきの移動しやすい収納グッズが便利。手前に配置すれば、奥のものも取り出しやすい。

ガーデン用のキャスターをつけて可動式に

箱やカゴにはガーデン用のキャスターを両面テープでつけました。手軽に移動家具が完成。

カラーボックスにはキャスターをネジで留める

押し入れの下段で使うカラーボックスは可動式にすると、奥のものがラクに出せます。

壁面を利用する

ワイヤーを利用して、壁面も活用。迷子になりがちなものやよく使うものが、すぐ取り出せて便利です。

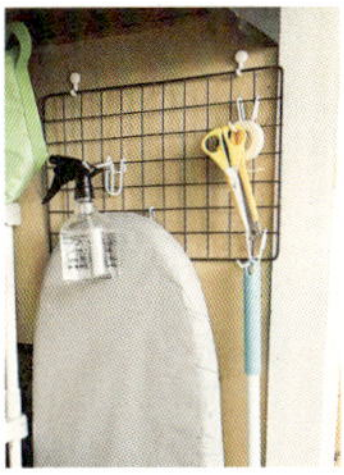

100円ショップのワイヤーとフックで吊るす収納

リビングの押し入れには、置き場に困るアイロン台とスプレー、ハサミとテープをかけて。

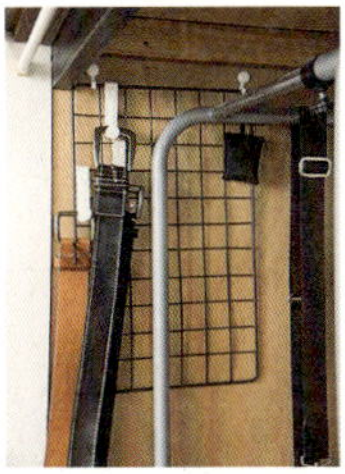

迷子になりがちなベルトは吊るす収納をルールに

クローゼット代わりの押し入れの壁面にもワイヤーを使って、ベルトを収納。

プロのテク 3 猫も人もいっしょに快適に暮らせる工夫をする

リビングのキャットタワー

天袋を開けると

猫が乗り越えられるように、あえて少しものを入れています。くつろいで降りてこないことも。

キャットタワーから天袋に移動できるお気に入りのスペース

リビングのコーナーにキャットタワーを置いて、押し入れの天袋に移動できるコースにしました。高いところが好きでお気に入り。

天袋からのぞく、空。見下ろすのが好きだとか。

キャットタワーでひと休み。上に行くの？下に行くの？

「うちにはクータと空という2匹の猫がいます。完全に家猫なので、猫が心地よく暮らせるように家の中を工夫しています。猫たちが好きなのが、やっぱり高いところ。リビングにキャットタワーを置いて、押し入れの天袋に移動できるスペースを作りました。食器棚や本棚など高い家具の上にいることもあるので、そこには何も置かないし、ときどき掃除をしてあげます」。

猫が好きなものはそれぞれ違うので、自分の猫をよく見てあげることが大切だそう。「いっしょに暮らす猫は、家族の一員。家族を思って収納を考えるのと同じように、猫のための収納やスペース作りを考えますね。収納が苦手な人に合わせる『思いやり収納』はペットにも当てはまります」。

ご飯のスペース

すき間に
ストッカーを置いて
キャットフードを
収納する

梁(はり)があって食器棚を壁に寄せられなかったすき間に無印良品のストッカーを配置。1カ月半分のウェットとドライの2タイプのキャットフードを収納。

猫が食べやすいように
ご飯台はDIYの
オリジナル

ご飯台は、ホームセンターで板を切ってもらってネジで留めた手作り。大小が入れ子になっているので、ふだんはコンパクトに。

2

引き出しに入れた
ウェットタイプは
箱で仕切る

箱を引き出しのサイズに合わせてカットして仕切りにして、立てて収納するとごちゃつかない。

3

ストックは
立てて収納して
残りを常にチェック

カリカリタイプのストックも立てて収納します。残りがわかるので補充するときに便利。

1

カリカリタイプは
ストッカーの上に置き
補充がラクに

カリカリタイプは大袋なので、容器にうつして取りやすく。スプーンをセットしておけば、あげる量を一定に保てます。

猫のトイレ

トイレスペースは板で枠を作り、カーテンをかけて

トイレが２台入るように、ホームセンターで板をカットしてもらい、L字型金具で留めました。猫が出入りできるよう穴を開けたカーテンをつけました。

カーテンを開けると

猫のトイレが２台。でも、２匹が同じトイレを使うこともよくあるそうです。

トイレの上に爪研ぎも設置。クータが乗っかってます！

重たい猫の砂はキャスターをつけた可動式が便利

トイレ用の猫の砂のストックは重たいので、ガーデニング用のキャスターをつけた容器に入れます。移動がラクです。

消臭グッズはトイレの近く吊るして

近くに配置したスタンドミラーの後ろの部分に、消臭グッズをS字フックで吊るしました。穴のあいた容器+フックは吊るす収納に便利。

窓の外を眺めている２匹の後ろ姿がかわいい！

猫のパトロール台

キッチンの窓際のラックの上段は猫専用のスペース

目の前に大きなケヤキの木が見える窓際は猫たちのお気に入り。家猫なので、外の景色がいつでも眺められる場所を作りました。

猫草は100円ショップのネット、鉢カバー、S字フックで、食べやすいように位置を調整。

猫草を食べる猫たち。位置もちょうどよい場所に。

猫のボックス

上に乗ったり、中に入ったり使い方自由自在。

自由に遊べるボックスを食卓の下に手作り

ホームセンターで板４枚を30㎝角になるようにカットしてもらい、L字金具で留めました。中に入って体勢を整えたりしているそう。

Column

ミニ粘着ローラーをスタンバイして猫の毛対策

小さめの粘着ローラーを鏡の前に常備して、洋服に毛がついたときにサッと使います。「無印良品のローラーは常備するのにちょうどいいサイズ」。

LIVING
リビング

出しっぱなしにしないルールで、狭くてもくつろげる空間に

「いろいろなことをする場所なので、ものが散らかりがちです。我が家は狭いので、雑然とすると居心地が悪くなるので、ものは外に出さないようにしています」。収納のポイントはソファの後ろにある押し入れ（P86参照）と白いチェスト。

チェストとは10年以上のおつき合い。引き出しが小さいので、ものを小分けに収納でき、ものの定位置がわかりやすいのでずっと使っているのだそう。「居心地よいリビングにするには、照明も活用します。リラックスしたい空間にはオレンジ色の明かり（電球色）がおすすめです」。

アダプターなど

文房具

小さい引き出しのチェストに、グループ分けしてしまう

ものをグループ分けし、上から見てもすぐわかるように収納したら、片づけが苦手な夫も元に戻せるようになりました。

猫のおもちゃは使う場所に収納すると散らからない

リビングの窓のそばが、いっしょに遊んだりブラッシングをする場所。近くのテレビ台に、グッズを収納します。

机の上をスッキリさせる「とりあえずボックス」

出かける前、寝る前は必ず机の上にものはない状態に。ソファの脇の死角の「とりあえずボックス」に、出ているものを入れます。

伊藤家の夜のリビング。壁を照らすようなスタンドライトやスポットライトをプラス。部屋の真ん中の明かりを消して、スタンドライトやスポットライトだけの明かりにしてみると、落ち着いた心地よい空間になります。

KITCHEN キッチン

新しいキッチンでなくても「すぐ取れる」仕組みで使いやすい

「我が家のキッチンは古いタイプですが、使いづらいと諦めないで『すぐ取れる』収納の仕組みを考えました。キッチンはものをしまい込みすぎると使いにくくなるので、よく使うものは外に出して、見た目をスッキリさせる、中にしまうものはすぐに出せるように、工夫しました」。

具体的には、シンク周りは、棚や冷蔵庫の壁面を利用して吊るしたり、トレーにまとめて見せる収納。引き出しや吊り戸棚、冷蔵庫の中は一目瞭然にし、取り出しやすく収納。どれも「すぐ取れる」にこだわった伊藤さんのアイデアが光ります。

1

朝食セットはすぐ取れる場所で夫もラクチン

朝食用のカップやカトラリーはセットにして、シンクの上に置きます。夫が自分で用意してくれるようになりました。

2

塩とこしょうは手作りラックで目の高さに

調理台が狭く、ものは置かずに広く使いたいので調味料は吊るす収納。ワイヤーバスケットとS字フックで手作りしました。

3

キッチンペーパーはオリジナルの吊るす収納で

キッチンペーパーは麻ひもとS字フックで吊るして取りやすく。シンプルで場所をとらないので、狭いキッチンにはおすすめ。

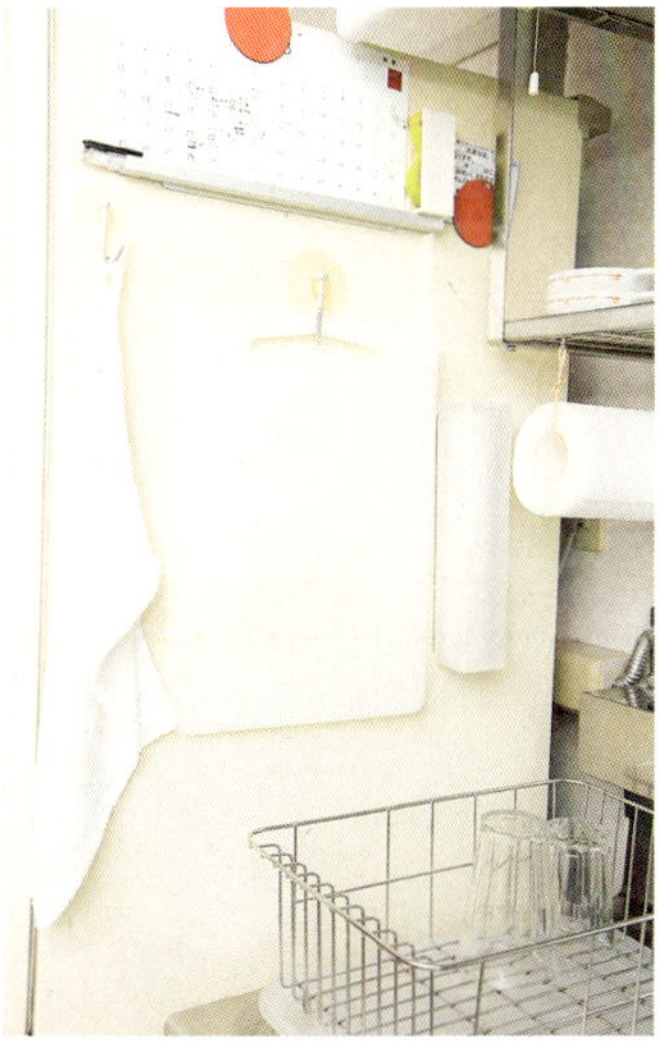

4

冷蔵庫の壁面を利用し、しまい込まずにスッキリ

シンク隣の冷蔵庫の壁面を有効利用。スケジュールを書いたカレンダー、マスキングテープ、ラップ、まな板、布巾を吊るして収納。

5

引き出しの中の調味料はあえて倒して見やすく

瓶にうつし替えた調味料、乾物などはあえて倒して中身がすぐわかるように。マスキングテープに賞味期限を書いて貼ります。

吊り戸棚

使いづらいスペースは空間をしっかり仕切る

高い位置の吊り戸棚は、うまく使えない場所。「グッズでしっかり仕切りましょう。うちはほとんど100円ショップのグッズです」。

①

よく使う棚は奥行きを無駄なく使う

調理台で使う、コーヒーやお茶セットはすぐ上の戸棚に。トレーやカゴを使って、引き出す収納で奥行きも活用します。

中のものを全て出すとこんな感じ。左端はブックスタンドで仕切り、大きい耐熱容器や計りを収納。

扉の内側に100円ショップのカードラックをつけて、コーヒーのフィルターを収納します。

②

あまり使わない棚はひと目でわかるようにする

① に比べたら、使用頻度が低いものを入れています。だからこそ、何が入っているかわかるように仕切って収納。ラベルも活用します。

冷蔵庫

ひと目で見渡せるようにして使い忘れを防止する

冷蔵庫は扉を開けたときに、ひと目で見渡せるように、「7割以下収納」を。取り出しやすいし、使い忘れや二重買いを防止。

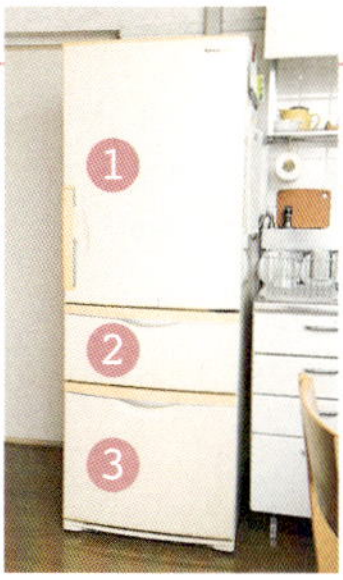

冷蔵室

1 冷蔵室は棚ごとのルールを決めて守る

冷蔵室は棚ごとに何を入れるかを決めています。ルールを作ったら食材を詰め込むこともなくなり、家族にもわかりやすくなりました。

朝食用のジャムやメープルシロップなどはトレーにまとめて定位置に。朝食時にさっと出せます。

ペットボトルのドリンクは、コーナーにまとめてブックスタンドで転がらないようにキープ。

冷凍室

3 冷凍室はグループ分けと日付の明記がポイント

冷凍室は、冷凍食品と素材に分けて立てて収納。素材は冷凍した日をマスキングテープに書いて、ファスナーつき袋に貼ります。保冷剤も容器に入る数だけの少量キープです。

野菜室

2 野菜室は保存袋を使って立てて収納

野菜は専用の保存袋に入れて立てて収納し、残った野菜もまた袋に戻します。左のカゴは、立てると収納しづらいブロッコリーなどの丸い野菜をピックアップして入れています。

収納スペースが少ないので 引き算ストック、足し算スペース

　とにかくスペースが狭い洗面所なので、ものを増やさないようにすると同時に、収納場所を増やしました。「ストックは最小単位にし、夫と共有できるものはまとめます。例えば、スキンケア用品は2人でいっしょのものを使っているので、収納スペースが節約できます」。

　スペースを増やすために、洗濯機の上の棚は自分で作りました。清潔感も大切にしたい場所なので、カゴを置いて、ナチュラルな雰囲気を演出しています。「カゴは収納力アップにもなり、インテリアの一部にもなりました」。

1 タオルの数は決めて それ以上は増やさない

「我が家のフェイスタオルは8枚。それぞれのお宅で、家族の人数、洗濯の頻度などを考えて、枚数を決めましょう。数をあらかじめ決めるとものが増えにくいです」。

2 洗濯洗剤は3つだけ。 ピッタリサイズのカゴが重宝

洗濯用洗剤と部分洗い用洗剤はパッケージがにぎやかなので、カゴに。粉末の漂白剤は、無印良品の入浴剤用詰め替え容器に入れて。

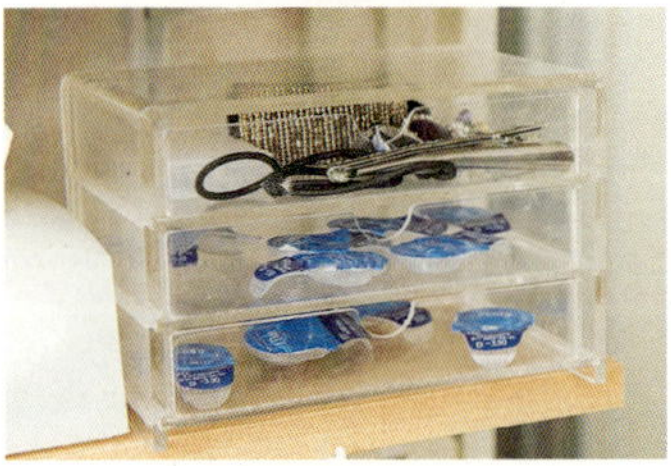

3 使い捨てコンタクトは 透明な引き出しが 使いやすい

夫の使い捨てコンタクトは、無印良品のアクリルの引き出しを活用。片づけが苦手な人には、わかりやすい収納が鉄則です。

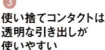

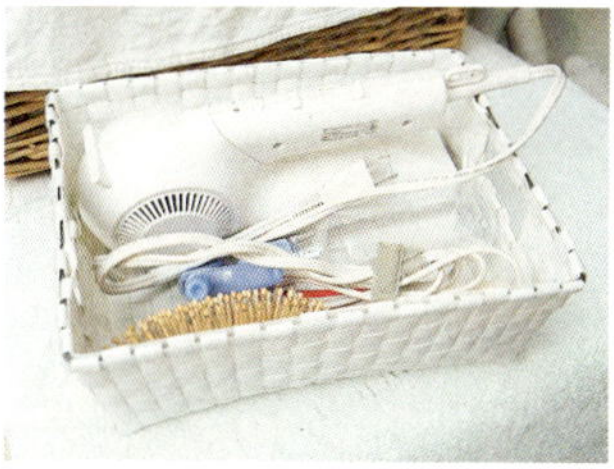

4 ヘアケア用品は白いカゴで清潔感アップ

ドライヤーやブラシ、ヘアスプレーは白いカゴにまとめます。いっしょに使うものを、同じ場所に収納するのが便利。忙しい朝の身支度の時間が短縮できます。

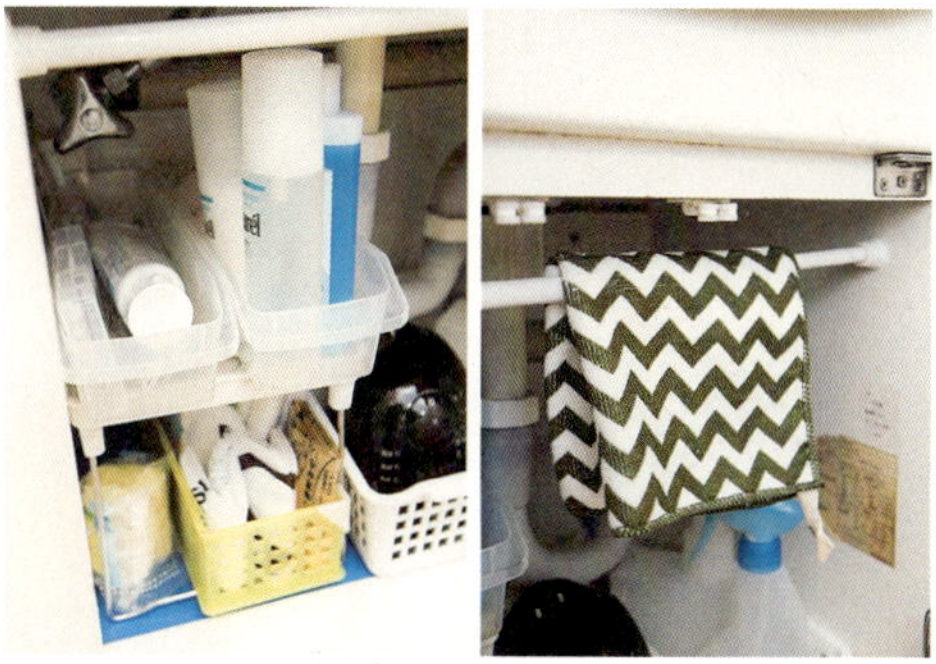

6 洗面台下はグッズを使って収納力をアップ

洗面台下はスペースが小さいので、グッズを使って工夫。コの字ラックで2段収納。突っ張り棒を使ってマイクロファイバーの雑巾をかける場所を作りました。

5 洗濯物入れは可動式。掃除するときもラク

洗濯機の脇にある洗濯物入れは、底にキャスターをつけた可動式。「白でふたつきのボックスは気に入っていましたが、猫の遊び道具になり、ボロボロに(笑)」。

浴室

浴室は吊るす収納で掃除しやすく清潔感をキープ

古い団地なので浴室の床や壁は昔のタイル貼り。掃除を少しでもラクにしようと、浴室で使うものは全て吊るしています。無印良品のシャワーラックやS字フックが、軽くてさびにくく使いやすいそう。

トイレ

収納がなくても諦めない！手作り棚+カゴでスペースを増設

トイレには全く収納がなかったので、洗濯機の上の棚と同じものを自分でつけました。トイレットペーパーを収納しているカゴは、インテリアにもなっています。棚1段は飾り棚にしたら、よりナチュラルな雰囲気になりました。

ENTRANCE 玄関

狭い玄関でのトライ&エラーで見つけた我が家のルール

「玄関はスペースが狭い上に、暗いイメージだったんです。まずは、たたきがグレーだったので、茶色のクッションフロアを両面テープで貼りました。これだけで印象が変わって明るくなったんです」。

　また、靴や傘などは下駄箱の中からはみ出さないことをルールにしました。さらに、どうしても収納を増やしたくて、下駄箱の隣に無印良品の細長いストッカーを置きました。「少しでも使いにくいなと思ったら、収納を改良してきました。今はこの形で落ち着きましたが、不便は収納を変えるチャンスですね」。

1 靴以外のものはできるだけコンパクトにする

夫婦の傘は、折りたたみ傘１本ずつと決めています。また、防水スプレーなどのケア用品は、ブックスタンドでまとめてコンパクトに。

2 ハンコや鍵は使いやすい上段に

取り出しやすい位置に、よく使うハンコと鍵を入れています。奥にはエコバッグを入れ、買い物のときはここから持ち出して。

3 すぐ近くの浴室で使うものも収納して

「『玄関にシャンプーのストック？』とびっくりされますが、浴室の近くのここが指定席に。収納に正解はないので、家族が納得していれば、問題ありません」。

PART 5

お母さんが頑張りすぎない家族に協力してもらう収納

整理収納アドバイザー
Mari Komiya
小宮真理さん

ゼネコンの建築設計部に勤務後、結婚退職。その後、整理収納アドバイザーの資格を取得して起業。整理収納サービスでうかがったお宅は約１５０軒、セミナー受講生は４０００人を超える。夫、高校生の長男、中学生の長女の４人家族。ブログ「整理収納士“小宮真理が快適空間を設計します」も好評。
http://ameblo.jp/kaiteki-marisroom

●資格
二級建築士
整理収納アドバイザー1級
整理収納アドバイザー2級認定講師
整理収納コンサルタント
整理収納コーチ1級
ファイリングデザイナー2級

●仕事
個人宅の整理収納お片づけサービス
整理収納アドバイザー2級認定講座
自宅公開収納セミナー
ホームファイリングセミナー
コーチングセミナー
行政・企業などセミナーの講師

「自宅セミナーや講座に来る生徒さんやお片づけサービスのお客様は、『収納は美しくないといけない』とか『自分がやらないといけない』と言いますが、皆さん、頑張りすぎです。一番大切なのは、家族が仲良く暮らすことです」と小宮さん。実は、自身も以前、頑張りすぎて空回り、家族と気まずくなったことがありました。

その後、整理収納アドバイザーの仕事を通して、家族に協力してもらえば自分がラクになると気がつきました。「私が病気になることも、仕事で不在なこともある。そんなとき、私にしかわからない収納だったら、家族が困ります。日頃から、家族がわかる収納にすれば、自分で取り出せて片づけられます。『お母さん、あれどこ？』と聞かれないので、私もラクチンです」。

最近は、「いかに自分がラクできるか」を考えて収納をすると笑う小宮さん。家族は仲良く、家もスッキリするのでおすすめだそうです。

1 プロのテク 家族のために家中の収納はわかりやすく「見える化」

「家族に協力してもらいたいと思ったら、わかりやすい収納にすることが大切ですね。まずは、ものをグループ分けします。そのあと、グループごとに引き出しや扉の中に『見える化』収納します」と小宮さん。

そして、収納場所を家族に、具体的に説明。どこに何があるのかを言葉で説明することも、収納の「見える化」に必要なことです。

また、すぐに結果を求めないことも大切。家族が自分と同じテンションで、片づけてくれるわけではないからだそうです。「なかなか片づかないと思ったら、収納の仕組みに問題があるのかも。『どうすればしまいやすい？』と家族に聞いてみます。意外な問題点がわかって、より使いやすい方法に変更できます」。

KOMIYA'S SIMPLE RULE 小宮流シンプルルール

引き出しの中は見やすくする

左が現在使っているもの、右が補充するものなど、引き出しの中は、見やすく仕切ります。上から見て一目瞭然が理想です。

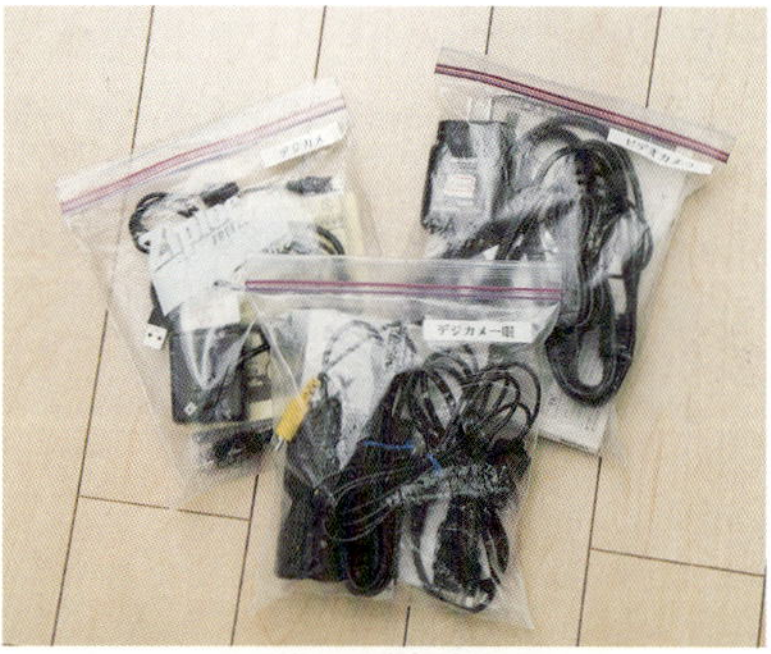

同じグループのものはまとめる

同じグループのものを、袋や箱にまとめます。写真は、デジカメやビデオのアダプターや取り扱い説明書をファスナーつき保存袋に入れてラベリングしました。

おうちDATA

4LDK／一戸建て／築5年

1F

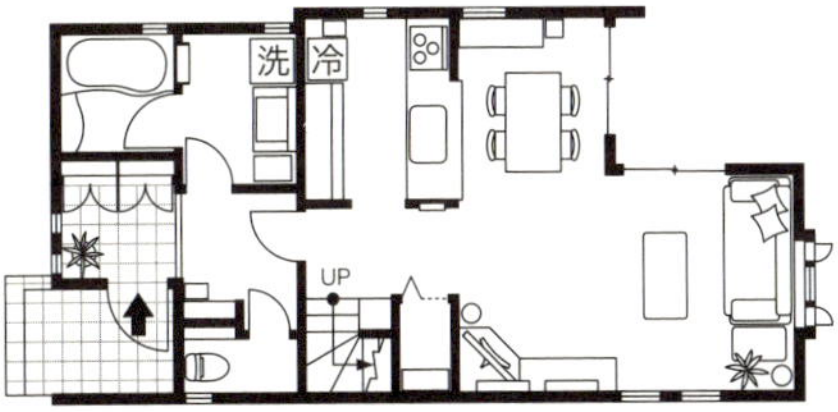

2F

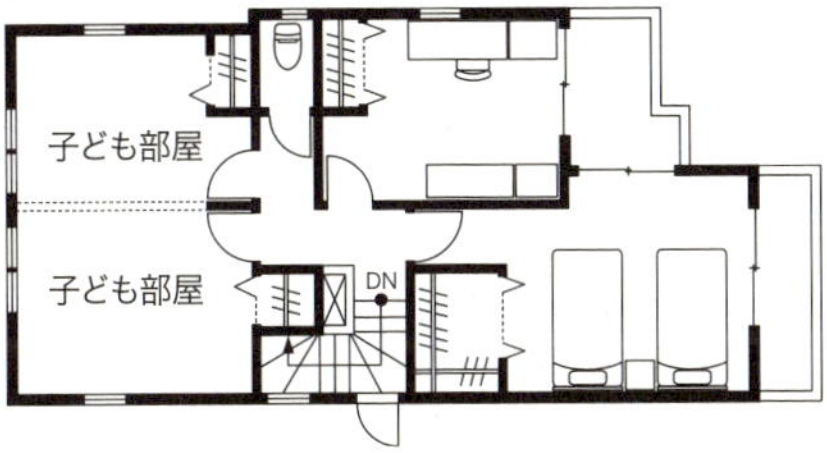

小宮さんのプロへのHISTORY

ゼネコンの建築設計部に7年間勤務後、結婚退職。長男、長女を出産後、長女の小学校入学を機に仕事を再スタートしたいと考える。

▼

収納アドバイザーの仕事を知る。2級認定講座を受けたあと、1週間家に閉じこもって家中を片づけた。

▼

元々片づけること、人前で話すことが好きだったので、一生の仕事にしようと考える。2010年、整理収納アドバイザー1級を取得。

▼

その後、必要な資格を次々に取得し、起業する。仕事を始める前に、ママ友10人のお宅を無料でお片づけさせてもらって、経験を積んだことも。

▼

現在、自身の仕事と子育ての経験を生かし、特にワーキングマザーのために使い勝手のよい「お母さんがラクになる収納法」を提案している。

プロのテク 2

家族に「あれどこ?」と聞かれないファイリング・ルール

ダイニングのコーナーにあるチェストには、家族に関係する書類が集まっています。一カ所にまとめると家族もわかりやすい。

保管するときラベルをつけると便利。ラベル用機械を利用したり、マスキングテープに書いて貼るのも手軽です。

毎日、確実に増えていく、書類、手紙、DM、ちらしなどの紙ものは、ファイリングの仕組みを作ります。「紙ものが手元にきたときに、すぐにざっと、いる、いらないを判断します。時間がないこともあるので、確実に不要なものだけを処分。いるものはとりあえず『投げ込みボックス』に入れておきます。これをやっておくだけで量を減らせます」。

その後、時間があるときに、テレビを見ながらでもいいので、「投げ込みボックス」に入れたものを、要・不要に分別。保管が必要なものはファイルやケースに分類して入れます。その他のものは必要な情報だけを手帳などに書いて、紙自体は処分。「この仕組みを家族にも説明し、必要なものは自分で取り出してもらっています」。

要・不要が判断しやすいファイリング・プロセス

書類・手紙・ちらしなどの紙もの

いらない

ゴミ箱か資源回収コーナーに入れる

いらないものは、すぐにゴミ箱か紙ものの資源回収のコーナーに。ここで処分すると、量が減ってその後の作業がラクになります。

いる

グループ分けして「投げ込みボックス」に入れる

いると判断したものは、グループ分け。教育、家計など必要なものを3～4グループ作り、グループの数分「投げ込みボックス」を用意。

↓

余裕のあるときに整理する

↓

情報を手帳やカレンダーに書き、紙ものは処分

保管しなくてよいものは情報を手帳やカレンダーに書きうつして、紙は処分。子どもたちがカレンダーをチェックし、自らの予定を把握します。

とっておくべき紙ものはファイルやケースに入れる

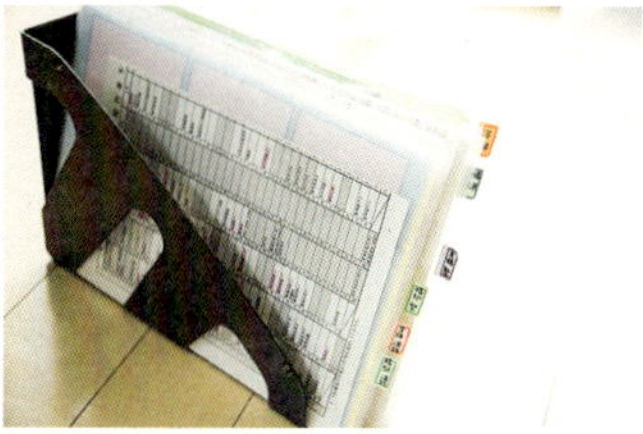

しばらく保管しておくものは、ファイルやケースに分類。写真は子どもの教育関係のもの。兄と妹で分け、それぞれラベルをつけます。

プロのテク 3

家族が自分で準備できるように クローゼットを整える

「クローゼットのどこに何があるかわかっていると、家族が自分で支度ができるし、洗濯したものをしまうこともできます」と小宮さん。まずは、家族の要望を聞いて、いっしょにクローゼットの仕組みを整えたら、あとは本人に任せて管理してもらうと、スムーズ。

「洋服が増えてきたら、この5つの項目のうち1つでも当てはまったら処分を検討しましょう。①1年ほど着ていない②汚れ、シミ、虫食いなどが目立つ③体形が変わりサイズが合わない④着心地が悪い⑤デザインが古い」。

　最も大切なのは、お母さんが勝手に要・不要を決めないで、家族に判断してもらうこと。本人の自立を促すのが目的だそうです。

KOMIYA'S SIMPLE RULE 小宮流シンプルルール

横長の引き出しは洋服を横に並べる

横長の引き出しは、洋服を横に並べたほうが取り出しやすい。全開できるので、右側(右利きの場合)によく着るものを入れます。

縦長の引き出しは洋服を縦に並べる

縦長の引き出しは、手前にシーズンオンやよく着るものを入れます。引き出しを全開せずに、必要なものを取り出せるのでラク。

夫のクローゼットは仕組みを作ったら口出しはしない

夫が仕事に着るものは吊るす収納、ふだん着はクリアケースにたたむ収納を。吊るす収納は、右側が今の季節のもの。季節が変わると、左右入れ替えます。いっしょにやるのは最初だけで、あとは夫にお任せ。

①

男性用ジャケットは取り出しやすく吊るす

男性用ジャケットは写真のように吊るすと、前身頃が他の洋服を引っかけずスムーズに取れます。女性用は逆向きで吊るします。

②

ネクタイはグッズを使って側面に収納する

IKEAのマルチユースハンガーを使ってネクタイを収納。ハンガーパイプに吊るすよりも、グッズを使って側面に吊るしたほうが安定して取り出しやすい。

やすいたたみ方

パンツ

❶ ウエストから1/3ほど折る

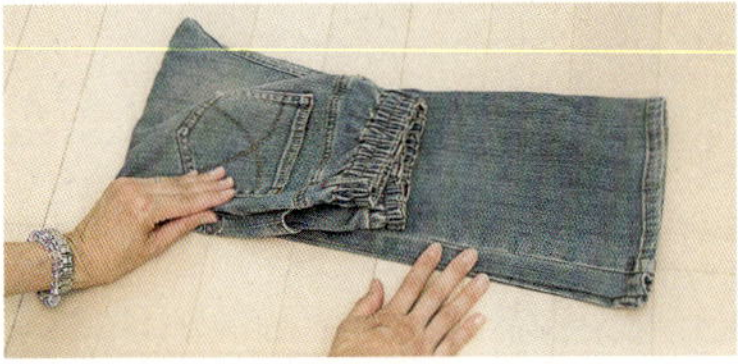

中央で半分に折り、左右の足を重ねます。ウエストのほうから1/3ほど折ります。

❷ ウエストの部分を開く

折った部分の間を開くように持ち上げます。

❸ 裾を中に入れる

裾のほうから折り、❷の開いた部分に入れます。

❹ でき上がり

さらに半分に折ってコンパクトに。折り山を上にして立てて収納します。

Tシャツ・カットソー

❶ 両端を折る

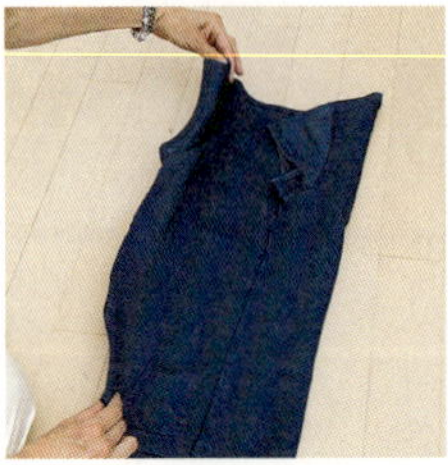

前身頃を下にして置き、両脇と袖を内側に折ります。長袖の場合は、袖は上から裾のほうに折り返します。幅は引き出しのサイズで調整を。

❷ 半分に折る

裾のほうから、半分に折ります。

❸ さらに折る

さらに、折り山を持って半分に折ります。高さは、引き出しのサイズで調整を。

❹ でき上がり

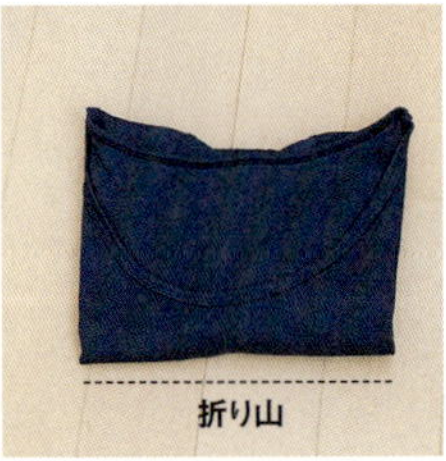

折り山を上にして、立てて収納します。崩れにくく、取り出しやすい。

家族が取り出し

靴下

1 半分に折る

左右を重ねて、半分に折ります。

2 ゴム部分を裏返す

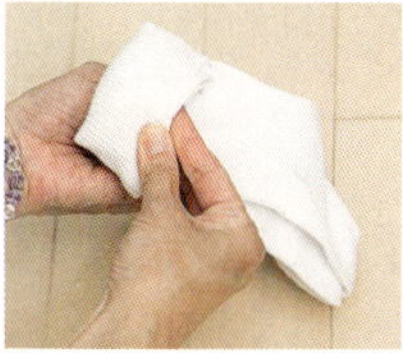

ゴムの部分をくるっと裏返して、つま先部分を包みます。

3 でき上がり

左右がまとまるので、片足が迷子になりません。折り山を上にして収納すると取り出しやすい。

Column

衣類は折り山を上に立てて収納が基本ルール

たたんだ衣類は、折り山を上にして、立てて収納します。色のグラデーションで並べたり、よく着るものを手前に並べるなど、取り出しやすく。

トランクス・ショーツ

1 両端を折る

前面を上にして置き、両脇1/3ほど内側に折ります。幅は引き出しのサイズに合わせて調整を。

2 ウエストから1/3ほど折る

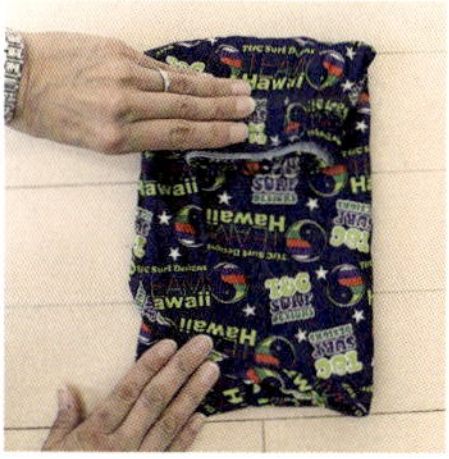

ウエストのほうから下に1/3ほど折ります。

3 裾から折り、ウエスト部分に入れる

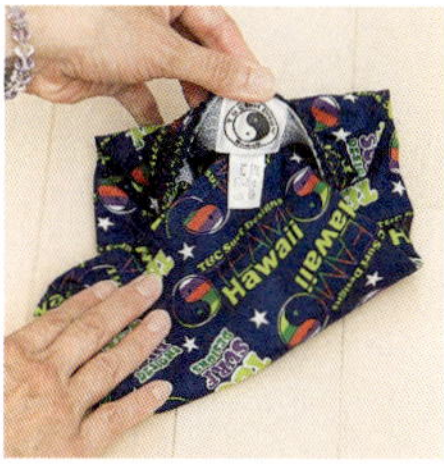

同様に裾から1/3ほど折り、ウエストのゴムの部分に入れ込みます。

4 でき上がり

全体が平らになるように整え、折り山を上にして、立てて収納します。

家族が料理しやすいように、キッチン全体を改良する

以前は、「きちんとご飯を用意するのがいいお母さん」と思っていたと小宮さん。でも、今は「なるべく家族に手伝ってもらおう」と意識を変え、キッチンの収納も家族が使いやすいように改良しています。

今では、高校生の長男も料理をするようになりました。友達が遊びにきたときに、みんなに焼きそばをふるまうこともあるそう。「息子や娘が料理しやすいように肉を小分けにして冷凍します。息子の友達が来ると、交友関係を確認できるので親として安心。収納を整えて、プラスアルファのいいことがありました」。

1 よく使う塩、こしょう、油はコンロ周りに出しておく

夫や子どもが、焼きそばやチャーハンなどを作るときに使う、調味料と油はあえて外に出します。定位置にあると家族も迷いません。

2 引き出しに入れる調味料は同じ瓶でスッキリ

登場回数が比較的少ない調味料は、コンロ近くの引き出しに入れます。透明な瓶＋ラベルで、誰が見てもわかるようにします。

3 背の高い調味料はコンロ下の引き出しに

家族はあまり使わないしょうゆ、みりん、酒などの容器が大きい調味料は引き出しに。フライパンは右手で取りやすいよう、柄を右側に向けて立てて収納。

⑤ 冷蔵庫はひと目で見渡せるように収納は7割以下にする

余裕のある収納で一目瞭然に。上段は朝食用に、和食、パン食、お味噌汁の３つの食材セットを用意。取っ手つきのカゴで出しやすい。

④ 乾物やソースはグループ別に立てて収納する

パスタとソースはまとめるなど、いっしょに使うものでセットにし、容器に立てて収納。「私がいないときでも、家族がパスタを作れます」。

Column

使いかけ食材の口の留め方

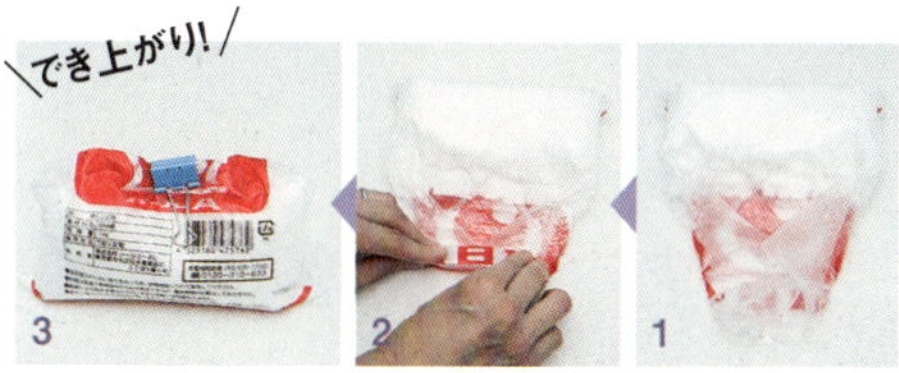

1.中身を寄せて両脇を斜めに折ります。**2.**口の部分を上から１～２㎝の幅で、２～３回折ります。**3.**ダブルクリップで留め、立てて収納。中身が出ないのでおすすめ。

食器棚

家族が手伝いたくなるように、食器の入れ方を工夫する

家族が取りやすい場所によく使う食器を入れます。「お茶碗はここに収納するよと、家族にしっかり伝えることも大切ですね」。

いつもはここまでしか戸は開けない

ふだん使うものの場所が決まっていると、戸は全開しなくてもいいので、ラクです。いつもは戸を半分くらいしか開けません。

1

上下左右の使いやすさを考えて食器を配置する

食器棚はどこの位置が取りやすいかを見極めて、棚ごとに入れるものを決めます。右下が一番使いやすい場所なので、よく使うものを。

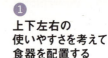

②
カップやグラスは同じ種類を縦に並べる

カップやグラスの配置の仕方も、❶の食器と同じです。並べ方は、同じ種類のものは横ではなく縦になるようにします。一番前のものがラベルの役割になり、わかりやすくなります。

ふだんのお茶タイムは戸は全開にしない

よく使うお茶セットは、戸を半分くらい開ければ取れる場所に配置。カップが縦に並んでいると、必要な個数を手前から取れます。

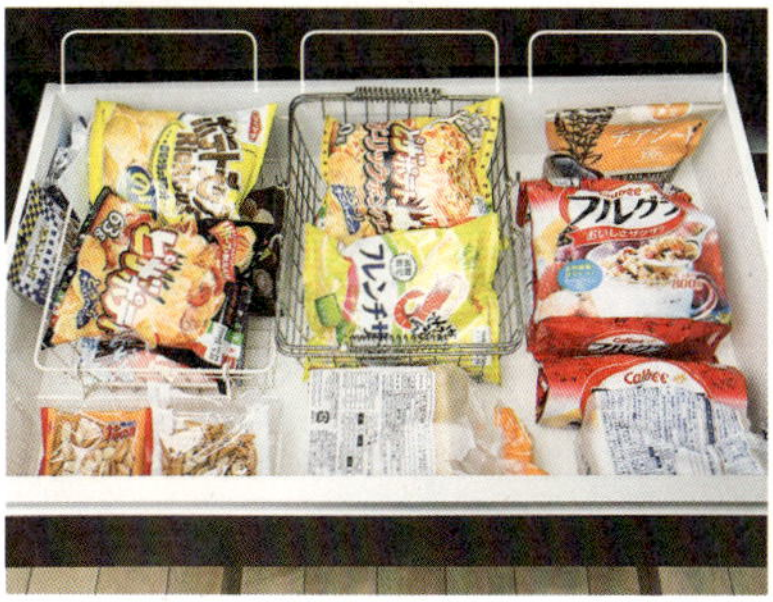

④
お菓子のストックは各々の場所を決める

子どもたちがもっと小さい頃に、けんかしないようにと始めた兄・妹別収納。食べたら戻すようになり、置きっぱなしが減りました。

③
カトラリーは縦に並べると取り出しやすい

カトラリーは種類別に分け、柄が手前にくるように縦に並べます。家族に用意してもらうときもスムーズです。

LIVING & DINING リビング・ダイニング

家族が集まる場所だから共通で使うものだけを置く

ものが少なくスッキリしている小宮家のリビングは、個人のものは置かずに共通で使うものだけにしています。家族が使う書類は、ダイニングのコーナーに置いたダークブラウンのチェストに収納しています。

「子どもの学校・習い事関係、お金関係、病院の診察券、家電や住宅の取り扱い説明書などをここに集めました。家族も知っているので、必要なときは自分で見てもらうようにします」と小宮さん。このチェストからはみ出さないように、書類はこまめに要・不要を判断して処分するそうです。

ものが少なくてスッキリ！
家具はダークブラウンで統一

リビング・ダイニングはコーナーの家具を配置して広々使います。家具は同じシリーズでなくても、色を合わせると統一感がでます。

ダイニングテーブルの奥にチェストを配置。

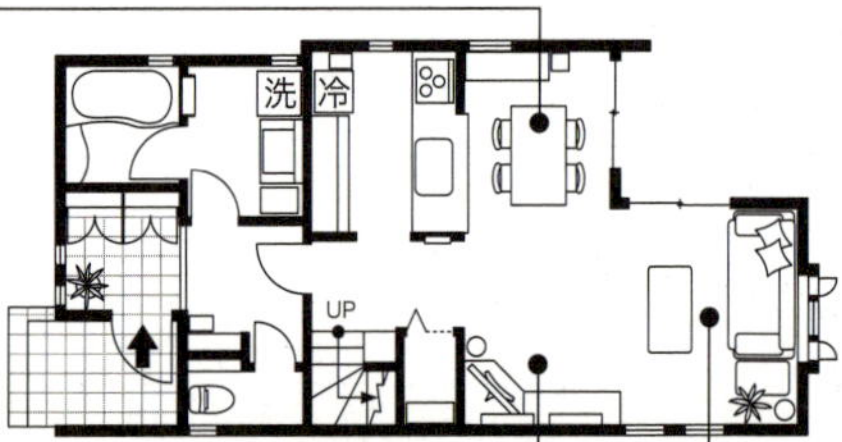

リビングのテレビのあるコーナー。

ソファを横置きしたらリビングが広い印象に。

① スマホやタブレットは置き場所を決める

引き出しの中に充電器を入れ、コードを引き出せるように上部に穴を開けました。スッキリした充電スペースが完成。

③ 夫が管理する専用引き出しを作る

夫のものがダイニングやリビングのテーブルに置いてあると、イライラするもの。夫専用の引き出しを作り、夫に管理してもらいます。

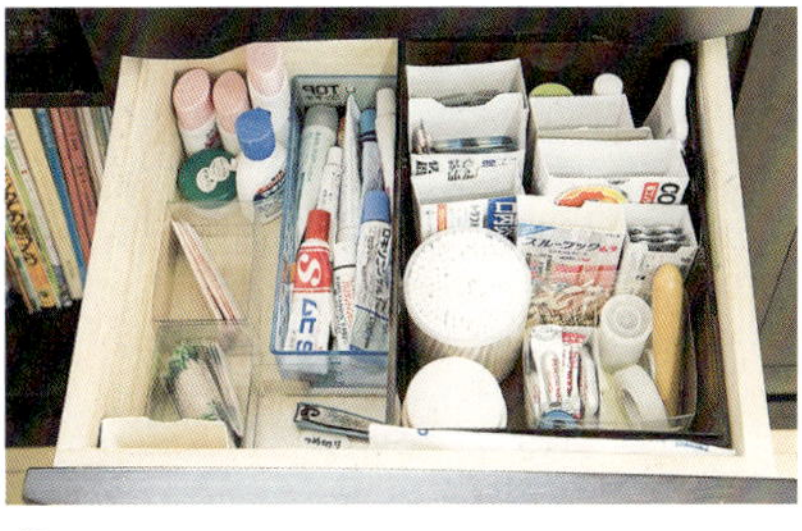

④ 薬は箱をそのまま利用して仕切りにする

薬の箱は、上部を切り取って収納すると、仕切り代わりになります。引き出し全体が、上から見てわかるように分類して収納を。

② 「投げ込みボックス」で紙ものの散らかり防止

チェストの戸を開けるとこんな感じ。上から3段は、紙ものをざっくり仕分けする「投げ込みボックス」。保管前の一時置き場です。

全てチェストに入っている!

家族が迷わないファイリングのポイント

カードは仕切りをつけるとごちゃつかない

カードは、分類してから仕切りをつけます。仕切りに使ったものは、クリアファイル。箱のサイズに合わせてカットします。

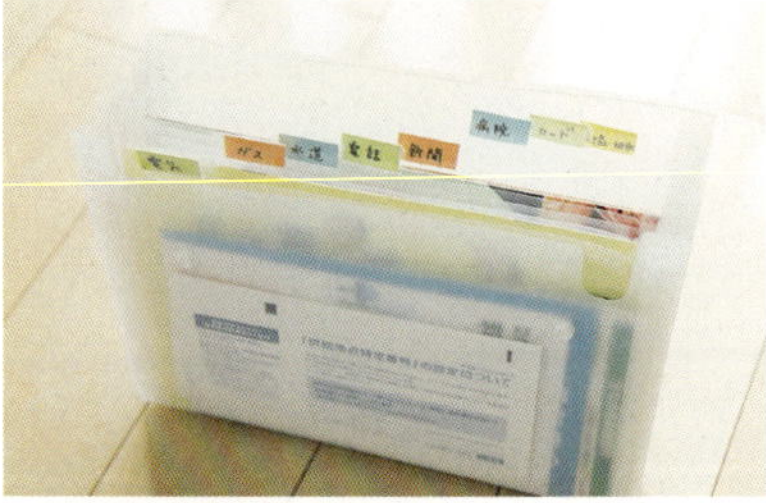

お金関係のファイルは不要なふたを切り取る

お金関係は蛇腹タイプのファイルにラベルをつけて整理します。ふたは取り出すときもしまうときも邪魔なので切り取りました。

取り扱い説明書はグループ別にラベルをつける

家電の説明書はグループ分けし、フォルダーにはさんでラベルをつけます。分厚い説明書も紙フォルダーなら、厚みが調整できて便利。

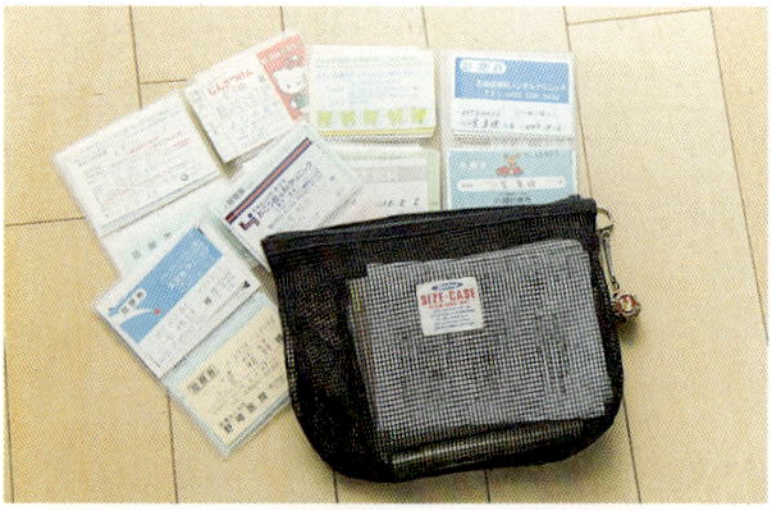

病院の診察券・保険証は家族別にカードケースに入れる

診察券と保険証は家族別にまとめて、それぞれ100円ショップのカードケースに入れました。病院に行くときそれぞれ自分で取り出します。

Column

年賀状は2年分だけとっておく

年賀状は、大雑把にまとめられるはがきケースに入れて、2年分だけキープ。年末に古いほうの年賀状を処分し、ケースを空にしておきます。

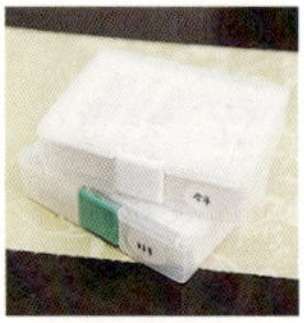

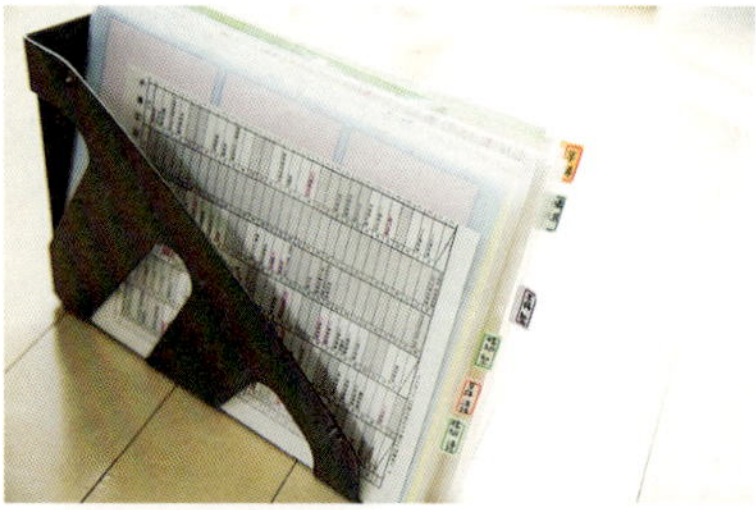

学校・習い事関係は子どもがわかることが大切

家族別、習い事別に分類して、クリアケースに入れ、ファイル立てに立てて収納。「子どもたちには自分で見て行動してもらっています」。

Column

リビング近くの納戸を活用するアイデア

納戸の収納は余裕を持たせ、出し入れをするものの保管場所にしています。

❶夫のスーツは帰宅後すぐにここにかける

夫のスーツはすぐにクローゼットに入れずに、消臭スプレーをかけてここに。翌朝、夫が支度するときにクローゼットにしまいます。

❹紙の資源回収コーナーは入り口近くに

不要な紙ものをキープする場所を入り口近くの、入れやすい場所に配置。そのまま回収場所に出せる紙袋などが便利です（お住まいの自治体に確認）。

❸掃除機はキャスターつき台にのせて移動をラクに

キャスターつき台を活用し、移動をラクにしたら、夫が掃除をしてくれるように。「掃除機も夫の好みで選んでもらい、うちでは掃除は夫担当に」。

❷資源ゴミはエコバッグにため、そのままスーパーへ

しまい込みたくないし、出しておくのも嫌な資源ゴミのストックにちょうどいい場所。スーパーにはバッグごと持って行き、回収ボックスに入れます。

コンパクトなクローゼットは、定位置と定量を決めると管理がラク

「洋服が片づかないのは、クローゼットが狭いからとあきらめないで。コンパクトなクローゼットは定位置と定量を決めましょう」。小宮さんのクローゼットは仕事用のシャツやスーツは上段に吊るす収納、ふだん着用のカットソーやデニムは下段にたたんで入れます。色別に分けて、洗濯したら元の位置に戻すようにしています。「季節の終わりに、定期的に要・不要の判断をして増やさないようにしています」。

1
コーディネートをして吊るすと朝の支度が時短に

お気に入りのインナー、ジャケット、アクセサリーは組み合わせて収納。コーディネートに迷わないので、朝の支度時間が短縮。

2
リサイクルに出すものは目印をつけておく

リサイクル行きの洋服はシワにならないようにハンガーにかけて保管。目印をつけておけば、査定が高くなるシーズン前に忘れずに出せます。

3
アクセサリーは専用ボックスに納める

手作りの専用ボックスに、仕切りを組み合わせて納めます。ネックレスはファスナーつき小袋を利用すると鎖が絡まず快適。

袋の口を少し開けて鎖を外に出して収納を。

Column

「子どもの片づける力」を育てるために親子でトライしよう

**まずはお母さんの考え方をチェンジ！
主役は子どもであることを忘れないで。**

要・不要の判断は親ではなく子ども自身にさせる

「お母さんが『整理収納』の意味を理解をしましょう。まずは、今あるものが自分にとって必要か不要かを判断します。これが整理。その後、不要なものを処分し、必要なものを取り出しやすく納めることが収納です。初めは、整理からトライしてみて」。

小宮家では、子どもたちが幼稚園のときから作品、プリント、教科書などの持ちものを、「自分で要・不要の判断をする」と教えてきました。「お母さんといっしょにトライして、判断は子どもに。この経験は、将来の進路を選択するときにも役に立つはず。整理収納をきっかけに、子どもの自立を促したいんです」。

POINT

学期末→学年末→卒業の順でものを見直す

節目節目で、子ども自身が「要・不要の判断」を。お母さんは、判断しやすいようにサポートするけれど、結果には口出ししません。

中学校3年分（長男）

なんと、これだけ！　他は全て処分に。

小学校6年分（長女）

1年ごとにリボンでまとめました。

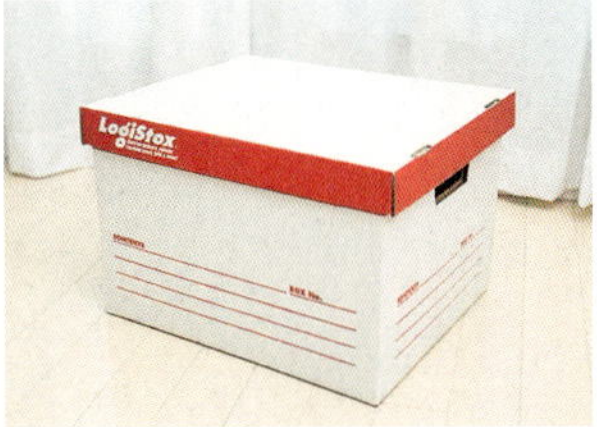

大きな箱を用意してこの中に納まるようにする

それぞれに大きな箱を用意し、思い出ボックスに。「幼稚園、小、中、高でひと箱が理想。追加で入れるときには、すでに入っているものを整理し、箱からはみ出さないようにします」。

PART 4

伊藤美佳代さん（P.82）

猫の毛が気になるので、掃除は毎日夜に。

掃除は、夕食の片づけの延長でやるのが習慣に。平日はさっと簡単に、休日には掃除機を使ってしっかり掃除をします。

片づけ　家事

6:30 起床

7:00 猫に朝ご飯をあげる

朝食・お弁当準備

夫が出勤

後片づけしながら、キッチン周りを拭き掃除

洗濯

2匹の猫が仲良くご飯を食べています。

9:00 外出準備のついでに、洗面台やトイレを拭き掃除

猫のトイレ掃除（床に飛び散った砂なども掃き掃除）

10:00 収納講座やお片づけ作業のために外出（家で照明のプランニングの仕事をすることも）

外出前、仕事前はテーブル、床にものがないようにする

17:00 帰宅

猫に夜ご飯をあげる

DMや手紙は帰宅してすぐに仕分ける

カバンの中身を定位置に戻す

収納講座など仕事の内容を整理する

メールのチェック・返信

19:00 夕食準備

20:00 夫が帰宅・夕食

夫のものは夫に片づけてもらう

夕食の後片づけのあと、時間があるときに引き出しの整理

クイックルワイパーでキッチンを中心にリビングや廊下の床もついでに掃除

猫のトイレ掃除（床に飛び散った砂なども掃き掃除）

24:00 ものは全て指定席に戻して寝る

猫のトイレのスペースは台の下です。掃除は1日2回しています。

Pick up!

＼スッキリのヒミツ／

収納のプロの片づけ&家事タイムスケジュール

P.80に引き続き、忙しいのにスッキリ暮らすプロたちの、片付け&家事タイムを紹介します。

VOL.2

みんなやってた！ すっきりのヒミツのまとめ

1 外出前のテーブルの上のものは片づける

慌ただしい朝でも、これをやっておくと帰宅後がラク。ものを入れておける「とりあえず箱」を用意している人も。

2 手紙やDMなどたまるものはすぐに仕分けする

紙ものはすぐ仕分けます。時間がないときのために、一時保管場所を作ってキープするアイデアは参考にしたい。

3 寝る前にものは指定席に戻す

現状復帰は早いほうがラクなので、夜、寝る前のリセットタイムは大切。翌朝の家事に手早く取りかかれます。

掃除がラクになるプチアイデア

Column

掃除のときに邪魔になりがちなグリーン。掃除がしやすくなる置き方を紹介します。

玄関のグリーンは鉢台にのせました。鉢と床にすき間をあけると、さっと掃除できます（小宮さん）。

リビングのグリーンはキャスターをつけて可動式に。ホコリを見つけたらすぐ掃除（伊藤さん）。

持ち手つきのランドリーボックスを鉢カバーに。インテリアになじんでおしゃれ（大木さん）。

PART 5

小宮真理さん（P.140）

朝と夜の1日2回、ものを指定席に戻してスッキリ

朝出かける前と夜寝る前に、ものを指定席に戻しています。ダブルで行うことによって、スッキリした居心地のよい空間をキープ。

片づけ　家事

- 5:30 起床
- クイックルワイパーで床掃除

前日、片づけてから寝るので、朝の掃除がラクです。

- お弁当作り、朝食の準備、朝食
- 朝食の片づけ
- 8:00 家族が出かける。洗濯
- 8:30 ものを指定席に戻し、整える
- 講師やお片づけ作業のために外出（自宅で資料作りなどをすることも）
- 15:00 帰宅
- 仕事用品の片づけ
- DMの整理・仕分け

紙ものがすぐに仕分けできないときは、「投げ込みボックス」に。

- 16:00 メールチェック&返信
- 17:30 夕飯作り、料理道具は使ったらすぐ元に戻す
- 18:00 子どもたちが帰宅
- 学校のプリントの仕分け
- 18:30 夕飯&後片づけ
- 19:00 子どもたちが塾へ行く
- 仕事の事務処理、ブログ、メルマガ作成
- セミナー資料作成や明日の準備
- 22:00 子どもたちが帰宅し、会話をする
- 23:30 ものを指定席に戻し、整える
- 24:00 今日の反省&明日のスケジュールを確認したのち、就寝
- 24:30 夫帰宅。夫のものは自分で片づけてもらう

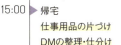

収納アイテム別 索引

キッチン

リビング

クローゼット

玄関

その他

洗面所・トイレ

〈PART1〉大木聖美（整理収納アドバイザー）
〈PART2〉村上直子（整理収納アドバイザー）
〈PART3〉新倉暁子（ライフオーガナイザー）
〈PART4〉伊藤美佳代（整理収納アドバイザー）
〈PART5〉小宮真理（整理収納アドバイザー）

デザイン　池田和子（VERSO）
撮　影　小山志麻
間取りイラスト　長岡伸行
校　正　国仲明子
編集協力　渡辺彩子
写真協力　今井しのぶ（PART2）
企画・編集　ペンギン企画室（大橋史子・臼井美伸）

スッキリ心地よく暮らす
プロ5人のおうち収納テク

2016年11月25日　初版第一刷発行

発 行 者　永田勝治
発 行 所　株式会社オーバーラップ
〒150-0013　東京都渋谷区恵比寿1-23-13
印刷・製本　大日本印刷株式会社

ISBN978-4-86554-174-8 C0077

【オーバーラップ　カスタマーサポート】
電話:03-6219-0850　◎受付時間:10:00～18:00（土日祝日をのぞく）

http://over-lap.co.jp/lifestyle/